www.tredition.de

AF202926

Eva - Maria Tornetta

Mein Weg ins Glück

Happiness is the key

Verlag und Druck: tredition GmbH, Halenreie 44-44, 22359 Hamburg

ISBN
Paperback: 978-3-7482-6582-5
Hardcover: 978-3-7482-6583-2
e-Book: 978-3-7482-6584-9

Inhalt

Gewidmet in Dankbarkeit

Für den

Pellegrino

Meinen Herzensmann

und unsere Söhne

Riccardo

~~~

Mattia

~~~

Manuel

Liebe Leserin,

lieber Leser,

zunächst war dieses Buch für unsere Jungs gedacht.

Es sollte den dreien eine stütze sein in schweren Zeiten, wenn sie einen Rat benötigen.

Wenn ich eines Tages hinüber ins Licht gegangen bin.

Etwas das bleibt von mir, dass all meine Erfahrungen und mein Wissen enthält.

Was wäre geeigneter als alles in einem Buch aufzuschreiben?

Im Laufe des Schreibens merkte ich, welch ein Potential in diesem Buch liegt.

Wenn ich nur einem Menschen, der dieses Buch liest, eine Inspiration sein darf, so ist dies wie ein Sechser im Lotto für mich.

Happyness is the key, ist mein Lebensmotto geworden.

Wir müssen aus tiefsten Herzen die Entscheidung treffen glücklich zu sein.

<u>Du</u> musst es wirklich wollen!

Mit dieser Entscheidung wird sich dein Leben radikal ändern.

Schließe Frieden mit deiner Vergangenheit.

Deine Vergangenheit kennst du schon, dort bist du schon gewesen.

Was morgen kommt weißt du noch nicht.

Lade das neue ein, in dein Leben.

Sei voll Vertrauen im hier und jetzt.

Bei allem was du tust, höre auf dein Herz, ob du glücklich bist.

Folgst du deinem Herzens-weg?

Deinem Herzens-weg zu folgen ist ein Prozess.

Schritt für Schritt.

In diesem Buch nehme ich dich an die Hand und zeige dir den Weg, den ich gegangen bin.

In der Hoffnung, das er dir eine Inspiration sein mag.

Denke immer daran:

HAPPINESS IS THE KEY

Dies ist ein kleines Geschenk für dich, ein Segensspruch.

Möge er dich begleiten in stürmischen Zeiten und dir neuen Mut geben:

Gehe deinen Weg.

Gehe deinen Weg ruhig, mitten in Lärm und Hast.

Und wisse, welchen Frieden die Stille schenken mag.

Stehe mit allen auf gutem Fuße, wenn es geht.

Aber gib dich selber nicht auf dabei.

Sag deine Wahrheit immer ruhig und klar.

Und höre auch die anderen an.

Die Unwissenden, Dummen, auch sie haben ihre Geschichte.

Laute und Zänkische Menschen meide.

Sie sind eine Plage für dein Gemüt.

Wenn du dich selbst mit anderen vergleichen magst wisse,

das Eitelkeit und Bitterkeit dich erwarten.

Denn es wird immer größere und geringere Menschen geben als dich.

Freue dich an deinen Erfolgen und Plänen.

Strebe wohl danach weiter zu kommen, doch bleibe bescheiden.

Das ist ein guter Besitz im wechselnden Glück des Lebens.

Übe dich in Vorsicht bei deinen Geschäften.

Die Welt ist voll Tricks und Betrug.

Aber werde nicht blind für das, was dir an Tugend begegnet.

Sei du selber vor allem!!!!!!!!!!!!

Heuchle keine Zuneigung, wo du sie nicht spürst.

Doch denke nicht verächtlich von der Liebe, wo sie sich wieder regt.

Sie erfährt so viel Entzauberung, erträgt so viel Dürre und wächst doch voller Ausdauer, immer neu

wie das Gras.

Nimm den Ratschluss deiner Jahre mit Freundlichkeit an.

Und gib deine Jugend mit Anmut zurück, wenn sie endet.

Pflege die Kräfte des Gemüts, damit es dich schützen kann, wenn Unglück dich trifft.

Aber überfordere dich nicht durch Wunschträume.

Viele Ängste entstehen durch Täuschung und Verlorenheit.

Erwarte eine heilsame Selbstbeherrschung von dir.

Im Übrigen aber sei freundlich und lieb zu dir selbst.

Du bist ein Kind der Schöpfung, nicht weniger wie die Bäume und Sterne es sind.

Du hast ein Recht darauf hier zu sein und ob du es merkst oder nicht, ohne Zweifel entfaltet sich die Schöpfung so wie sie es soll.

Lebe in Frieden mit Gott.

So wie du ihn jetzt für dich begreifst.

Und was auch immer deine Mühen und Träume sind, in der Verwirrung des Lebens, halte Frieden mit deiner eigenen Seele.

Mit all ihrem Trug, ihrer Plackerei und ihren zerronnenen Träumen.

Die Welt ist immer noch schön.

(Verfasser Unbekannt)

Glücklich sein

Glück ist eine Wahl, kein Ergebnis.

Nichts wird dich glücklich machen, bis du nicht glücklich bist.

Niemand wird dich glücklich machen, wenn du dich nicht dafür entscheidest, glücklich zu sein.

Dein Glück wird nicht zu dir kommen.

Es kommt nur von dir.

– Zen -

ENTSCHEIDE DICH hier und jetzt

GLÜCKLICH ZU SEIN!!!!

HAPPINESS IS THE KEY

Mein Weg ins Glück

Happiness is the key

Über mich und wie ich mein Leben änderte

Am 16.03.1981 erblickte ich das Licht der Welt, 43 cm groß, 1730g schwer.

In Kevelaer dem Marien Wallfahrt Ort, per Kaiserschnitt geboren, 8 Wochen vor dem errechneten Geburtstermin.

Ich war das Wunschkind meines Vaters nicht aber das meiner Mutter.

Erzählungen zu folge weiß ich, dass meine Mutter an einer Schwangerschaftsvergiftung litt.

Für uns beide war es also fünf vor zwölf.

Als Frühchen war ich viel zu schwach um in die größere Klinik nach Köln verlegt zu werden.

In den ersten Wochen meines Lebens kostete ich an medizinischen Maßnahmen, so viel, wie ein Doppeldeckerbus.

Der behandelnde Kinderarzt telefonierte täglich mit der Klinik in Köln, um sich mit den dortigen Ärzten zu beraten.

Es sah nicht gut aus für mich.

Doch ich hatte eine unbändigen Lebenswillen, ich schrie und schrie, Tag und Nacht, wann immer meine Mutter und mein Vater mich auf der Frühchen Station Besuchten.

Mit Hilfe von Gummihandschuhen die am Inkubator befestigt waren, durften sie mich streicheln und beruhigen....

Trotz allem, nach den ersten Startschwierigkeiten, entwickelte ich mich Zeitgemäß gut und wuchs als ein gesundes Kind auf.

Meine Eltern waren vor dieser Ehe beide schon einmal verheiratet.

Aus der Ehe meines Vaters habe ich 4 Halbgeschwister, aus der Ehe meiner Mutter 3 Halbgeschwister.

In den Schulferien kamen die Kinder meines Vaters zu Besuch, sie lebten bei Ihrer Mutter im Ruhrgebiet.

Bis auf meinen älteren Bruder der jedes Wochenende aus dem Internat nach Hause kam.

Die Kinder meiner Mutter kannte ich zu diesem Zeitpunkt noch nicht.

Viele Menschen aus meiner Kindheit sagen mir, dass ich ein sehr fröhliches Mädchen war.

Ich brachte den Raum zum Strahlen.

Mein Lachen steckt an, bis heute habe ich mir dieses Lachen bewahrt.

Auch wenn es mir im Alter von 11 Jahren genommen wurde. Die ältere Dame, mit der ich die meiste Zeit meines Tages verbrachte, verstarb an Brustkrebs.

Aufgrund das ich ein Kind war, wurde vieles von mir fern gehalten, ich Begriff damals noch nicht das Ausmaß dieser Krankheit.

Meine Tante Eta wurde mir einfach weg gerissen.

Von heute auf morgen, einfach weg.

Noch nicht einmal verabschieden durfte ich mich.

Sie lag einige Zeit im Krankenhaus, bevor Ihr Sohn sie zum Sterben zu sich nach Hause holte.

500km weit weg.

Jeder Wunsch von mir, sie anrufen zu dürfen wurde im Keim erstickt.

Meine Mutter erlaubte es mir nicht.

Mein Elternhaus war ein einziges Chaos.

Im elterlichen Betrieb, unser Hotel, war Arbeit angesagt.

Tag und Nacht.

Im Alter von 6 Jahren musste ich bereits jedes Wochenende Gläser spülen, an der Theke, ab 18.00Uhr für einige Stunden.

Ich habe den Kegelbahnwechsel gehasst, wenn die vielen besoffenen an die Theke kamen, zum Bezahlen.

Richtig spielen und für die Schule lernen durfte ich nie.

Streit zwischen meinen Eltern war an der Tagesordnung, so wie der Alkohol.

Liebe war für mich ein Fremdwort.

Im November, am Martinsabend wurde mir die Nachricht von Tante Eta´s Tod überbracht.

Es riss mir den Boden unter den Füßen weg. Diese leere in meinem Herzen. Diese tiefe Trauer.

Da wusste ich, von nun an bist du ganz alleine auf dich gestellt...

Eine ganz natürliche Reaktion, von diesem Tag an, verschloss ich mein Herz.

Meine schönste Erinnerung mit ihr?

Als ich mit meiner Tante Eta in ihrem Garten saß.

Wir saßen unter ihrem Apfelbaum auf einer kleinen Holzbank, sie pflügte einen Apfel schnitt ihn in zwei Hälften. Wir teilten ihn uns und sie erklärte mir das Leben.

Es war ein lauer Sommerabend, eine leichte Brise wehte durch meine Haare. Dieser Apfelduft, so süßlich. Dieser Frieden in mir. Noch heute wenn ich meine Augen schließe ist es so als säßen wir wieder dort. Dies ist mein größter Schatz tief in meinem Herzen.

Des Öfteren, sonntags nach der Kirche, kaufte Tante Eta auf dem nach Hause Weg ein Eis für uns.

Und wir unterhielten uns über alles Mögliche, ich muss so 5 Jahre alt gewesen sein, als wir eine sehr wichtige Unterhaltung führten.

„Weißt du mein Kind, du musst mir bitte etwas versprechen", lächelte sie mich an.

Ja, Tante Eta, alles was du möchtest, entgegnete ich.

Ich werde nicht immer bei dir sein können, ich bin schon alt und sehr krank.

Du weißt, es gibt den einen großen Gott.

Wenn du eines Tages in Not sein solltest, so richtig in Not!!!!

Wenn du nicht mehr weiter weißt, dann bitte den lieben Gott um Hilfe.

Er wird Dir Hilfe schicken.

Ja, ich verspreche es dir!!!!!

Kurze Zeit darauf verbot meine Mutter mir, mit Tante Eta in die Betstunde zu gehen.

Aus Angst sie würde eine Nonne aus mir machen....

Tante Eta ließ sich mir gegenüber nichts anmerken, ich bin mir sicher es musste sie sehr verletzt haben.

Ich haderte sehr mit diesem einen Gott das er mir meine Tante Eta weg genommen hat.

Ich hörte auf zu beten und zog mich ganz und gar in mich zurück, kapselte mich regelrecht ab.

Bald darauf kam ich in die Pubertät, meine erste Regel.

Es war ein regelrechter Schock für mich.

Die Kombination aus Ängsten und Ekel hüllten mich ein.

Ich fühlte mich alleine gelassen.

Meine Mutter kaufte mir ein Aufklärungsbuch, dort beantwortete ich mir selber meine Fragen.

Der richtige Aufklärungsunterricht fand in der Schule statt.

Leider nicht von meiner Mutter.

So wuchs ich mit einem völlig falschen Körpergefühl heran.

Meine Brüste begannen zu wachsen, so dass ich schon früh einen BH verabreicht bekam, das dazu führte, dass ich in der Schule ausgelacht wurde.

Meinen Körper verabscheute ich, besonders meine großen Brüste.

Warum nur wuchsen sie derart enorm und schnell und die meiner Mitschülerinnen nicht?

Es ist einfach nur unfair, dachte ich mir.

Ständig fühlte ich mich weggestoßen, nicht gewollt und fehl am Platze.

Ich wollte beeindrucken und gefallen.

Doch ich wurde einfach übergangen, als kleines dummes Mädchen.

Oft bekam ich von meiner Mutter zu hören, wie dumm und naiv ich doch war.

Sie wollte mich formen, nach ihren Vorstellungen, ich war immer zu lieb für sie.

Lügen waren immer mehr an der Tagesordnung.

So baute ich mir meine schönere Realität auf um vor den anderen Mitschülern toll dazustehen.

Freunde hatte ich nur wenige, in der Grundschulzeit.

Mit dem Schulwechsel der 5. Klasse, entpuppte ich mich immer mehr zur Einzelgängerin.

Ich war anders als alle anderen, dies war eine sehr schmerzhafte Erkenntnis für mich.

Unter der Schulbank wurden die Drogentütchen hin und her gereicht.

Für mich ein absolutes Tabu, ich machte bei so etwas nicht mit.

Das durchgreifen der Lehrer blieb aus, sie waren mit der Situation überfordert, denke ich.

Die Situation spitzte sich mehr und mehr zu.

Es war nachher so weit, dass wenn ich durch die Klassentür gehen wollte, ich weg geschubst wurde.

Wenigstens reagierten dort meine Eltern auf das Drängen der Lehrer und nahmen mich von der Schule.

Von da an besuchte ich eine reine Mädchenschule, an der Nonnen unterrichteten.

Dort fühlte ich mich wohl und durfte endlich durchatmen.

Im Elternhaus dagegen wurde es immer unerträglicher...

Mutter und Vater waren ständig besoffen, natürlich kamen immer Streitigkeiten dazu.

Eine echte Hassliebe, zwischen beiden.

Ich werde niemals heiraten sagte ich bei mir.

So etwas tue ich mir nicht an.

Auf keinen Fall möchte ich so enden.

Größtenteils machte ich meinen Vater für das Desaster verantwortlich.

Seine ewiges Fremdgehen, konnte ich nicht ertragen.

Meine Mutter brachte viel Unruhe und Streit in die Familie.

Ein harmonisches Beisammensein war undenkbar.

Noch heute erinnere ich mich an unsere Weihnachten.

Ein Alptraum!!!!!

Das Hotel hatte über die Feiertage geschlossen, ein Grund mehr zu saufen und zu streiten.

Auch im Laufe der Jahre, wann immer eine Schulentlassung oder sonst ein einschneidendes Ereignis war, stand ich alleine da.

Meine Eltern hatten keine Zeit.

Es gab eine Zeit, in der die Kinder meiner Mutter den Kontakt zu ihr suchten.

Als ihre 3 Kinder noch klein waren, ist Sie in einer Nachtaktion von zu Hause abgehauen zu meinem Vater. Ihr erster Mann war Alkoholiker.

Laut Erzählungen wurde ihr das Sorgerecht nicht zugesprochen und so brach der Kontakt für viele, viele Jahre ab.

Wie die Dinge abgelaufen sind, kann ich bis heute nicht sagen.

Sie widmete sich jetzt ganz ihrer mittlerweile erwachsenen Kinder.

Wann immer sie zu Besuch kamen, musste ich meistens den Raum verlassen.

Oft habe ich mich gefragt, wann kommt jemand und holt mich hier raus!!!!

Ich wollte wirklich von zu Hause weg laufen, doch es fehlte mir der Mut.

Die Berufswahl stand an.

Ich wollte Künstlerin werden, mein Herzenswunsch.

Damit wirst du kein Geld verdienen hieß es. Und Abitur brauchst du nicht, denn du bist eine "Praktikerin".

Gut, dann Hebamme, ich liebte Babys über alles!!!

Es folgten unzählige Bewerbungsgespräche, alles absagen, da ich gerade erst 16 Jahre alt war.

Dieser Beruf durfte damals erst mit 23Jahren erlernt werden.

Überlege mal wo du her kommst, sagte meine Mutter mit diesem bestimmenden Tonfall.

Eines Tages sollst du das Hotel mit deinem großen Bruder gemeinsam leiten, hieß es.

Und so rutschte ich in die Ausbildung zur Hotelfachfrau.

Der Spruch Lehrjahre sind keine Herrenjahre, bestätigte sich.

Meine Ausbilderin war wenig einfühlsam.

Sie beschimpfte Ihre Auszubildenden mit Schimpfwörtern der übelsten Art.

Die vorgegebenen Arbeitsstunden für Auszubildende wurden Täglich, das Doppelte, überschritten.

So wurden die Jugendlichen regelrecht verheizt.

Eins muss ich allerdings zugeben, die vielen Arbeitsstunden haben mich reifen lassen, auch in den späteren Berufsjahren habe ich mich nie vor der Arbeit gescheut. Im Gegenteil.

Nach mir endlos erscheinenden 3 Lehrjahren, voller Schweiß und Quälerei, habe ich es endlich geschafft.

Meinen Gesellenbrief hatte in der Tasche.

Während eines Sommerurlaubes in Italien verliebte ich mich unsterblich in einen Italiener.

Der Lago Maggiore erschien mir das Paradies auf Erden zu sein.

Dieser wunderschöne See mit seinen kleinen Inseln, die Berge, das mediterrane Flair, die vielen bunten Blumen, Palmen, die leckere Pasta.

Und diese Sprache faszinierte mich schon immer.

Dort wollte ich leben und mein Glück finden.

Ein Jahr jobbte ich in der Eisdiele unserer kleinen Stadt um dort die italienische Sprache zu lernen.

Es war harte Arbeit, nie einen Tag frei, kein angemessener Lohn.

Doch ein Lichtblick gab es, meine (Ferienliebe) kam für mich nach Deutschland und arbeitetet mit mir gemeinsam in der Eisdiele.

Ich zog mit ihm in ein Mietshaus meiner Eltern, 500EUR Miete mussten wir Monatlich zahlen, leider konnten wir das Häuschen nie richtig genießen, da wir Tag und Nacht geschuftet haben.

Doch ich war sehr happy in dieser Zeit, es war wie eine Erlösung für mich.

Meine Eltern waren wenig begeistert von meinem ersten festen Freund, denn er sprach kein Deutsch.

Vater nannte ihn immer nur `der Itaker´ und Mutter ließ ihn ihre Abneigung spüren, wo sie nur konnte.

Er hatte es wirklich nicht leicht, wo er doch das Familienleben in Italien ganz anders gewohnt war.

Meine Mutter hatte schon lange einen neuen Partner, heimlich...

Ich verabscheute diese Heimlichkeit vor meinem Vater, auch wenn er sie oft schlecht behandelte, war dies kein Grund sich derart zu verhalten.

Meine Mutter hat das Haus in einer Nacht und Nebel Aktion verlassen, wie damals als sie ihren ersten Mann (Alkoholiker) und drei kleine Kinder verlassen hatte.

Welche Mutter bringt dies zu Stande?

Eine Mutter ohne Herz!!!! Ohne Muttergefühle.

Meinen Kindern könnte ich das niemals antun.

Sie hinterließ einen Abschiedsbrief.

Denn sie war nie in der Lage sich einer Konfrontation zu stellen, ich erinnere mich seit meiner frühsten Kindheit, das sie immer die Flucht ergriffen hat, wenn es etwas zu diskutieren gab.

Diese Eindrücke prägen und ich habe es lange Jahre genauso gemach, bis mir mein Mann die Augen geöffnet hat, doch später mehr dazu.

Mein Vater war am Boden zerstört, als er nachts nach Hause kam, und diesen Brief fand.

Sie hatte nur ein paar Habseligkeiten in Plastiktüten mitgenommen.

Nun stand ich da, einerseits total geschockt, andererseits hilflos.

Wie sollte es nun weitergehen?

Zunächst fuhr meine Mutter eine Woche in Urlaub und wollte nicht gestört werden......

Ich hatte alle Mühe neben meiner Berufsausbildung, mich um meinen Vater zu kümmern, dies alles unter einen Hut zu bekommen.

Er war nicht in der Lage selbst zu kochen, geschweige denn seine Wäsche zu waschen.

Einerseits tat er mir so unendlich leid.

Ihn so zu sehen, war unerträglich für mich.

Das wäre die Chance gewesen ein gutes Verhältnis zu meinem Vater aufzubauen.

Leider kam es dazu nicht, denn als ich wenige Tage später meine Mutter anrief, hatten Sie mich wieder voll unter Kontrolle.

Sie manipulierte mich wie eh und je.

Ich stand wie unter Hypnose und war nicht im Stande, `´mit meinen eigenen Beinen zu gehen`´.

Als die Eisdielensaison beendet war, zogen wir tatsächlich nach Italien.

Für die erste Zeit nach Hause zu seinen Eltern, so war unser Plan.

So lange bis wir dort die Saisonarbeit in einem kleinen Hotel auf der Isola dei Pescatori antreten sollten.

Die ersten Wochen waren wie Urlaub und endlich konnte ich Abstand zu Deutschland und der schweren Zeit die hinter mir lag gewinnen.

Mein Freund war sehr eigen was sein Zimmer anging.

Sein Kleiderschrank gehörte ihm, meine Kleidung musste ich in einen kleinen Schrank im Nebenzimmer lagern, in ein paar Schubladen, welche seine Mutter für mich frei räumte.

Nach und nach stellte sich immer mehr heraus, dass ich ganz am Ende der Familienkette meinen Platz einnehmen würde.

Von der ach so großen liebe in Deutschland, war schnell nichts mehr zu spüren.

Seine Mutter stand an erster Stelle, und hatte über alles das sagen.

Dann kam seine Schwester, sein Vater, Neffen, Oma, Onkel, Tanten, und das Schlusslicht war ich.

Ich sehnte die Zeit herbei endlich arbeiten zu dürfen, denn schließlich hatte ich mein ganzes Leben gearbeitet.

Dort im Norden von Italien gab es nur von April bis Oktober die Saisonarbeit in den Hotels.

Rund um Stresa gab es so viele Hotels, doch alle wurden außerhalb der Saison geschlossen.

Mit viel Glück, konnten wir einmal im Monat irgendwo in einem kleinen Hotel aushelfen, was mich ganz und gar nicht forderte.

So saß ich die Zeit regelrecht ab, in der Hoffnung dass es bald April werden würde.

Unternehmungen oder gemeinsam essen zu gehen waren eine Seltenheit.

Überall war ``la Mamma 'an erster Stelle.

Eines Tages, ich glaube es war im Februar packte mich die Sehnsucht und ich rief meinen Vater an.

Er teilte mir mit, dass er in drei Tagen am Lago Maggiore sein würde, er hatte vor mich zu suchen.

Meine Mutter der ich jede zwei Tage Bericht erstatten musste, war ganz und gar nicht begeistert.

Und redete mir wieder mal ein, was für einen schlechten Vater ich die ganze Kindheit über gehabt hatte.

Frisch manipuliert empfing ich ihn so kühl, wie ich nur konnte.

Es vielen harte Worte, meinerseits.

Heute kann ich nur erahnen wie sehr ich ihn verletzt haben muss.

Das war vorerst das letzte Mal das wir uns gesehen haben, für viele, viele Jahre.

Ich hielt noch ein weiteres Jahr in Italien aus.

Auch wenn die Beziehung zu meinem Freund sehr angekratzt war.

Plötzlich hatte ich den großen Wunsch nach Familie, zu heiraten und eigene Kinder zu haben.

Seinerseits kam nicht auch nur der geringste Gedanke Kinder zu haben.

Ob seine Mutter nicht einverstanden war?

Bis heute weiß ich es nicht genau.

Wir hatten uns nicht wirklich mehr viel zu sagen.

Die Liebe war einfach weg, für beide Seiten gleichermaßen und so traf ich die Entscheidung mich endgültig zu trennen.

Ich liebte Italien doch ich wusste sobald der Sommer vorüber sein würde, gäbe es hier keine Arbeit mehr für mich.

Die gesamten Hotels schlossen über die Wintermonate.

Die Saison ging zu ende.

Wohin sollte ich nur gehen?

Die Entscheidung fiel mir sehr, sehr schwer.

Der einzige Weg war zurück nach Deutschland, zurück zu meiner Mutter.

Wieder Fuß zu fassen gelang mir relativ schnell.

Ich hatte meine kleine eigene Wohnung, ein eigenes kleines Auto, ich hatte ja genug ansparen können in der letzten Zeit.

Ich erinnere mich an einen Artikel in der Zeitung, den ersten Artikel, den ich zurück in Deutschland gelesen habe.

In fett gedruckten Buchstaben lautete die Überschrift:

Der Tierfreund.

Ein junger Mann war am späten Nachmittag mit seinem Sportwagen, in der Innenstadt, im strömenden Regen unterwegs.

Die Fahrbahn war Spiegelglatt.

Mama Ente, mit ihren kleinen Kindern überquerte die Straße.

Der Tierfreund ging in die Eisen um die Entenfamilie nicht zu überfahren und fuhr frontal gegen eine Ampel.

Der Wagen hatte einen Totalschaden, der Fahrer einige Prellungen.

Ich dachte bei mir, was für ein Held, der für Tiere bremst!

Damals ahnte ich nicht im Geringsten, das dieser Tierfreund einmal mein Ehemann sein würde.

Wie das Schicksal spielt!!!

Bei meiner Mutter und ihrem Freund fühlte ich mich nicht wohl.

Sie wollten unter sich sein und das bekam ich auch zu spüren.

Ich jobbte hier und da.

Es dauerte drei Monate, bis ich einen neuen festen Job bekam, der mein ganzes Leben ins positive verändern sollte.

Es war Anfang Januar und es lag Schnee.

Mit meinem kleinen Ford Fiesta fuhr ich über die glatten Straßen in die 20km entfernte Stadt zu einem Vorstellungsgespräch in ein italienisches Restaurant.

Am Zielort angekommen war ich fasziniert von dieser Lage und diesem Ambiente.

Das Restaurant lag nahe einer alten Burgruine mitten in der Innenstadt.

Angrenzend eine wunderschöner großer Park.

Der Innenraum war mit vielen Kerzen erhellt, warmen Farben und Positivität.

Leider hatte der Chef meinen Termin vergessen.

Er war beim Frisör.

Ich solle mich morgen nochmal melden, hieß es.

Der erste Gedanke der mir in den Kopf kam war dieser:

Italiener!!!!!

Wutentbrannt machte ich mich auf den Heimweg und schmollte erst einmal.

Die sehen mich nie wieder!!!

Ein Anruf meiner Schwester rüttelte mich wach.

Du bist nicht in der Situation bockig sein zu dürfen.

Du brauchst dringend einen Job, also packe deinen Stolz bei Seite und fahre morgen wieder hin.

Sie hatte Recht, das musste ich zugeben.

Also fuhr ich am nächsten Tag, gleich wieder los.

Wieder kam mir alles sehr idyllisch vor.

Der Chef war ebenfalls sympathisch und zu meinem Glück, stellte er mich sofort ein.

Wie bereits am Vortag bemerkt, war der Chef nicht immer anwesend. Und so, stellte er mir seinen Bruder vor, der mein Ansprechpartner sein sollte.

Sein Bruder heißt Pino, die Abkürzung für Antonio Pellegrino.

Wir wurden einender Vorgestellt und beim ersten Anblick habe ich mich unsterblich in ihn verliebt.

Irgendwo in meinem Kopf hat es Klick gemacht, als ich ihn sah.

Und für ihn war es genauso.

Er sagte sofort `´Du bist die Mutter meiner Kinder.

Und ich merkte, wie umgehend Licht mein Herz erfüllte, als wäre es ein Fels auf meiner Brust gesprengt worden.

Es folgte eine wunderschöne Zeit des kennen Lernens und des verliebt sein, alles ist so rasend schnell passiert.

Ich fühlte mich einfach wohl, so wohl wie schon lange nicht mehr.

Natürlich bekam meine Mutter auch Wind von meiner neuen Liebe.

Ihre erste Reaktion: ´´ Muss es denn schon wieder so ein Itaker sein, genieße doch erst einmal dein Single Leben, bevor du dich neu bindest. Und dann noch mit so einem... Hast du denn nichts in der Birne, bist du denn völlig blöd? `´

Als hätte ich es nicht anders erwartet, so sprach meine Mutter ständig mit mir, schon seit frühester Kindheit.

Warum nur, konnte sie sich nicht einmal mit mir freuen?

Erniedrigungen, wie wenig ich Wert war und wie blöd ich war, gab es ständig.

Bald darauf lernte ich seine Familie aus Sizilien kennen, die Sympathie beruhte auf Gegenseitigkeit.

Sofort wurde ich herzlich in die Familie aufgenommen.

Mein erster Besuch auf Sizilien war zu Karneval.

Die Insel, das Meer und die Menschen dort, waren für mich liebe auf den ersten Blick.

Ich fühlte mich dort sehr glücklich!!!

Die Situation, mit meiner Mutter, spitzte sich zu, als die Beziehung immer ernster wurde.

Ich habe mich so sehr nach einem Baby gesehnt, nun wollte ich endlich die Familienplanung in Angriff nehmen.

Es war ein warmer Sommerabend im Juni.

Nach meinem Feierabend, begleitete mich mein Freund zu meinem Auto, um mich zu verabschieden, er hatte noch einige Stunden Dienst.

Ich nahm meinen ganzen Mut zusammen und sprach meinen Babywunsch an.

Seine Antwort:

Gut, wenn Du dir ein Baby wünscht, dann aber ganz traditionell, erst wird geheiratet.

Somit waren wir verlobt und unsere Hochzeit stand ins Haus.

Ich war im siebten Himmel.

Meine neue sizilianische Familie jubelte, die deutsche Seite, das totale Gegenteil.

Dies war mein Herzens-weg und ich wollte mich von niemanden beeinflussen lassen.

Meine Freude konnte nichts auf der Welt trüben.

Ich war hin und her gerissen ob ich meinen Vater nicht einladen sollte und unseren Streit ein Ende bereiten sollte, doch meine Mutter riet mir davon ab und holte alle alten Geschichten wieder raus.

Leider Stand ich total unter ihrem Einfluss.

Und so entschied ich mich dagegen.

Die Standesamtliche Hochzeit war für Freitag, den 13.01 geplant.

An diesem Tag heirateten nur drei Pärchen, aus Angst vor einem schlechten Omen.

In Italien ist übrigens Freitag der 13. ein ganz normaler Tag, hingegen Freitag der 17. wird dort gemieden.

Die örtliche Presse veröffentlichte einen Artikel in der Zeitung über uns, mit Foto.

Mit der Überschrift:

Ein Paar das sich traut!!!!

Der große Tag war da, ein wunderschöner Tag, die Sonne lachte.

Es war eine sehr schöne Trauung, in einem sehr alten Standesamt.

Die anschließende Feier fand in ˝unserem ˝Restaurant statt, mit einer wunderschönen Blumendekoration, ein Geschenk einer lieben Verwandten.

Mein Faible für Pflanzen und Blumen war schon immer sehr groß.

An so einem besonderen Tag durften diese natürlich nicht fehlen.

Die Feier an sich gestaltete sich als schwierig, da meine Mutter so Stur war und sich nicht mit der italienischen Familienseite unterhalten wollte.

Es kam mir vor als würde es ein zwei Parteien Lager sein.

Dies war die Realität.

Trotz der schlechten Stimmung, wollte ich mir nichts anmerken lassen und machte gute Miene zum bösen Spiel.

Ich versuchte alles weitere Auszublenden und mich ganz auf meinen Ehemann zu konzentrieren und unseren Tag soweit es ging zu genießen.

In der darauf folgenden Zeit gab es immer wieder Sticheleien, mir und meinem Mann gegenüber.

Zum Glück zeigte sich mein Mann neutral.

Er sagte immer:

ich habe dich geheiratet und nicht deine Mutter.

Des lieben Friedens willen, schluckte er sehr viel runter.

Das Hauptproblem war einfach, dass

sein Humor nicht verstanden wurde und sofort persönlich genommen wurde.

Die ganze Situation nahm mich wirklich sehr mit.

Im Sommer folgte dann die kirchliche Kochzeit.

Wir hielten die Hochzeit für sizilianische Verhältnisse sehr klein.

200 Personen, der Standard lag bei 600 Personen.

Die Einladungen waren geschrieben und verschickt.

Von meiner Familie waren 5 Personen eingeladen.

Einige Stammgäste aus dem Restaurant wurden ebenfalls aus Deutschland erwartet.

Meine Mutter mit Partner und meine Schwester mit Familie.

Insgesamt so um die 20 Personen aus Deutschland.

Der Rest Sizilianer, von denen ich nur einen Bruchteil kannte.

Dies sollte meine erste sizilianische Hochzeit sein, und ich war die Braut.

Somit wusste ich nicht genau was mich erwarten würde.

Wir waren eine Woche vor der Hochzeit angereist, um noch einige Dinge selbst organisieren zu können.

Wie Blumen, Ringe , die Unterkünfte für unsere Gäste aus Deutschland usw.

Die Kirche war besonders schön, die älteste Kirche Europas, hoch oben in den Bergen, mit einer traumhaften Kulisse.

Mein Kleid hatte ich bereits in Deutschland gekauft.

Ein Traum in Weiß mit einer langen Schleppe für die Trauung, die ich für die anschließende Feier abnehmen konnte.

Meine lieblings- Blumen, Rosen, verzierten mein Korsett.

Der Rock war weit und eher schlicht gehalten, die Schleppe war komplett mit Rosen bestickt.

Sehr romantisch.

Allerdings machte ich mir Gedanken ob ich bei diesen hohen Temperaturen nicht kollabieren würde.

So langsam trudelten die Gäste aus Deutschland ein, und wir waren ständig Unterwegs, Flughafen Hotel, Hotel Flughafen.

Generalprobe in der Kirche, Gespräch für die Brautfrisur beim Frisör und beim Floristen die Blumendekoration besprechen

In der einen Woche haben wir das ein oder andere Kilo verloren.

Wie versuchten die wirklich allen gerecht zu werden, was sich als sehr schwierig heraus stellte.

Meine Mutter machte uns wieder erwartend einen Strich durch die Rechnung.

Es war nicht möglich abends alle gemeinsam essen zu gehen, denn Sie wollte ganz offensichtlich nichts mit den anderen zu tun haben.

Weder mit der deutschen noch mit der sizilianischen Seite.

Die Restaurants mussten exklusiv und weit ab von den anderen Gästen sein.

Für uns, purer Stress.

Bis heute frage ich mich, wieso ich mir das so viele Jahre habe bieten lassen.

Ich war eine Marionette in ihren Händen, ein Spielzeug und psychisch abhängig von ihr.

Es war wirklich reine Gehirnwäsche, das Spiel, welches sie mit mir spielte.

Eines Abends im Auto, auf dem Weg zum Restaurant eskalierte die Situation.

Dies war das einzige Mal in, bis jetzt 14 Jahren Ehe, das mein Mann die Beherrschung verlor.

Meine Mutter fing cholerisch an zu schreien, als sie erfuhr, dass an diesem Abend, auch die anderen deutschen Gäste im gleichen Restaurant mit uns essen würden.

Wie gesagt, mein Mann verlor die Beherrschung und schrie zurück.

Mir reicht es jetzt, entweder du hältst jetzt deinen Mund, deiner Tochter zu liebe, oder ich halte an und schmeiße dich hier und jetzt auf der Stelle aus dem Auto!!!!!

Im Restaurant unterhielt sie sich mit niemanden, auch nicht mit uns.

Es war mir egal, denn endlich war ruhe.

Den Abend bzw. die Nacht vor der Hochzeit verbrachten mein Liebster und ich getrennt voneinander.

Wie es Tradition ist, jeder bei seiner Familie.

Ich liebe diese alten Traditionen.

Auch habe ich mir gewünscht, das mein Bräutigam, vor dem Altar auf mich wartet.

Der große Tag war endlich da.

Und schon am morgen war es sehr, sehr warm.

Der Frisörsalon war zum Glück ausreichend klimatisiert.

Wie immer verbrachte mein Frisör ein wahres Meisterwerk, mit echten weißen Blüten im Haar.

Wir kannten uns gut, denn bei jedem Besuch auf Sizilien, war es Pflicht sich von ihm stylen zu lassen.

Ich fand mich wunderschön.

Schminken wollte ich mich selber, denn ich wollte so natürlich wie möglich aussehen.

Sizilianer schminken sich gerade an Hochzeiten sehr aufwendig.

Zu Hause angekommen erwartete mich meine Mutter bereits im Hausflur und Musterte mich eingehend.

Mein Gott Kind, siehst du hässlich aus!!!!

Vermutlich so manch eine andere Tochter, wäre darauf hin nicht vor den Traualtar getreten.

Ich erwiderte nichts und ließ sie stehen, ging ins Badezimmer und schloss mich ein.

Erst einmal tief Luft holen, dachte ich bei mir.

Ich betrachtete mich im Spiegel.

Du bist nicht hässlich und wirst eine wunderschöne Braut sein.

Hauptsache ich gefalle meinem Bräutigam.

Es wurde Zeit ins Brautkleid zu schlüpfen aus Trotz zog ich mich soweit es ging alleine an und Schminkte mich alleine.

Mein Frisör klopfte als bald an der Tür, um mir den Schleier ins Haar zu stecken.

Ein weiterer Brauch war es, sich von einem Filmteam, also auch gleichzeitig der Fotograf, alles im Bilde zu verewigen.

Aufgrund meiner Schüchternheit wollte ich erst nicht so recht, doch heute bin ich sehr froh über diese schöne DVD.

Getrennt voneinander wurden Braut und Bräutigam in den jeweiligen Häusern beim ankleiden gefilmt.

Dort ist es üblich erst nach der Hochzeit zusammen zu ziehen.

Das Eigenheim sollte dann möglichst schon fertig sein, so dass die Braut im neuen Heim gefilmt werden kann.

Wir ließen uns im Stadt- und Sommerhaus filmen, da wir ja in Deutschland lebten.

Es wurden sehr schöne Aufnahmen.

Plötzlich zogen dicke Wolken auf, sehr ungewöhnlich, da es in den Sommermonaten sehr selten regnet.

Ausgerechnet als das Auto, für die Kirche vorfuhr.

Alle im Haus suchten aufgeregt nach Regenschirmen.

Es gibt ein Sprichwort oder einen schönen Reim.

SPOSA BAGNATA, SPOSA FORTUNATA!!!

Was heißen soll:

Regentropfen im Schleier der Braut bringen Glück.

Der Schauer legte sich zum Glück bald wieder.

Die anschließende Schwüle jedoch war kaum zu ertragen.

Unsere Hochzeitsgäste wurden in einem Shuttlebus zum Bergdorf gefahren, sehr zur Empörung meiner Mutter, die lieber exklusiv gefahren werden wollte.

Mein Herz pochte gewaltig und ich versuchte so gut es geht bei mir zu sein und mich zu sammeln.

Ich war so aufgeregt.

Meine Aufregung verflog, sobald ich meinen Bräutigam vor dem Traualtar stehen sah.

Er sah einfach toll aus in seinem Anzug, die vielen Blumen und dazu noch die Violinen Spieler.

Sie spielten den Hochzeitsmarsch.

Es war alles wie im Traum.

Nach der Trauung ging es zur Fotosession.

In den Bergen, am Strand, es wurden traumhafte Fotos.

Die Hochzeitsfeier nahm ihren Lauf, mit köstlichen Speisen und guter Musik.

Für meine Verhältnisse wurden die Feierlichkeiten viel zu schnell beendet.

In Deutschland wurde immer bis in die frühen Morgenstunden gefeiert, welches für Sizilianer nicht üblich ist.

Zu meinem Entsetzen standen die Gäste gegen 01:00 Uhr auf um sich zu verabschieden, doch nicht ohne die Blumengestecke auf den Tischen regelrecht zu zerrupfen und mit nach Hause zu nehmen.

Ich war geschockt und fragte meinen Mann was los sei.

Warum alle nach Hause gehen.

Hat ihnen die Hochzeit nicht gefallen, fragte ich?

``Doch mein Schatz ´´erwiderte er mir.

Das ist ganz normal, wir haben ehrlich gesagt schon über die Zeit gefeiert. Eigentlich wäre schon seit einer Stunde Feierabend.

Und die Blumen werden mitgenommen als Zeichen das die Hochzeit sehr, sehr schön gewesen ist.

Bei der Verabschiedung hörte ich öfter der Satz:

Auguri, e tanti, tanti tanti fighli maschi!!!

Das heißt:

Alles Gute und das es viele Jungs werden!!!!

Na toll, dachte ich.

Im Hotel angekommen, folgte eine bezaubernde Hochzeitsnacht.

Einige Tage später waren alle Gäste abgereist und wir durften unseren Urlaub in vollen Zügen genießen.

Das taten wir auch.

Nun waren wir also **Sposini.**

So wird das frisch gebackene Ehepaar, im ersten Ehejahr genannt.

Der Alltag zog ein.

Wir waren sehr glücklich, das Eheleben funktionierte wunderbar, wir ergänzten uns.

Es war Zeit für die Kinderplanung, wir wollten nicht lange warten.

Und nach wenigen Monaten des „Übens" wurde ich schwanger.

Dies war ein absolutes Wunschkind.

Meine Schwangerschaft verlief reibungslos, ich fühlte mich sehr gut und war happy.

Es gab viel Kritik von meiner deutschen Familie, wie ich denn mit 25 Jahren schon Schwanger sein kann.

Ich wäre viel zu jung für ein Kind.

Die Freude der zukünftigen Oma hielt sich in Grenzen.

Bis zum achten Schwangerschaftsmonat, hieß es, dass wir ein Mädchen bekommen würden.

Wir waren ganz auf Rosa eingestellt.

Die wunderschönen Kleidchen aus Italien zogen ins Kinderzimmer ein.

Ein weiterer Arztbesuch brachte plötzliche Klarheit.

Wie soll ihr Mädchen denn heißen? fragte mich meine Frauenärztin.

Also ich fände den Jungennamen viel schöner, sie zeigte lachend auf den Monitor und zeigte mir den ``Pistolino``!

Ich bin aus allen Wolken gefallen, dennoch sehr, sehr glücklich.

Mein Mann musste sich erst einmal setzen, als ich ihn auf der Arbeit angerufen haben, um ihn die neue Nachricht zu überbringen...

Somit wurde noch schnell alles blau gestrichen.

Mittlerweile war es September und ich war bereits eine Woche über den errechneten Geburtstermin, als meine Fruchtblase platzte.

Hektik brach aus und wir sind gleich zum Krankenhaus gefahren.

Meine Wehen waren für eine Geburt nicht stark genug und so wurde die Geburt sanft mit einem Wehen Gel eingeleitet.

Ich lief Stundenlang auf dem Krankenhausflur hin und her.

Und atmete fleißig meine Wehen weg.

Da dies mein erstes Kind war konnte ich die Wehen nicht richtig einschätzen.

Ich fragte mich ob dies schon der Höhepunkt war, oder ob die Wehen noch stärker werden würden.

Plötzlich waren die Schmerzen so heftig das ich nicht mehr in der Lage war zu Laufen, wir fuhren mit dem Aufzug hoch in den Kreißsaal.

Die Hebamme sah mich und wurde ziemlich resolut.

Frau Tornetta, möchten Sie ihr Kind auf dem Flur bekommen? Schnell jetzt.

Sie ging schnellen Schrittes zur Liege und legte alles mit Unterlagen aus.

Ganz ehrlich, ich weiß nicht mehr wie ich bis zur Liege gekommen bin.

Die Presswehen setzten ein.

Innerhalb von 30 Minuten erblickte unser Sohn das Licht der Welt, 3010g wog er.

Draußen vor dem Fenster befand sich eine Kirche und die Glocken läuteten um den neuen Erdenbürger zu begrüßen.

Es war einer der magischen Momente in meinem Leben.

Alle Schmerzen waren vergessen und ich hielt unser wunderschönes Baby in den Armen.

Unser Kind. Riccardo!

Er war der Stempel meines Mannes, so ähnelte er ihm.

Ich war bereit ihm die Liebe zu geben, die ich in all den Jahren vermisst hatte.

Unser kleiner Schatz wurde größer und größer, ein kleiner Sonnenschein.

Die Bindung zwischen Ihm und mir war etwas ganz besonderes,

eine ganz besondere Liebe.

Ich nenne sie, Mutterliebe.

Wie eine Löwin die ihr Junges verteidigt, so fühlte ich mich.

Eine Kraft spürte ich in mir, die ich nie zu vor gespürt hatte.

Meine Mutter missgönnte mir diese Liebe.

Die Aufmerksamkeit ihr gegenüber schwand natürlich etwas.

Sie kam damit nicht klar, nicht mehr die erste Geige zu spielen.

Ich hatte den Eindruck, dass sie diese Gefühle auf das Kind produzierte, oft schaute sie ihn ganz böse an, teilweise Hasserfüllt.

Dies machte mich traurig.

Fünf Jahre waren vergangen.

Leider brach nun eine Zeit an, in der unsere Arbeitssituation und somit auch unsere finanzielle Situation sich gewaltig verschlechterten.

Wir lebten von der Hand in den Mund und waren froh am Ende des Monats das Geld, für unsere Miete zusammen zu haben.

Mein Job nebenbei, hielt uns so gerade über Wasser, doch Hauptsächlich war meine Rolle, die der Mutter.

Ich wurde erneut schwanger, mit Zwillingen.

Der Zeitpunkt war nicht gerade ideal.

Doch gibt es überhaupt den richtigen Zeitpunkt um schwanger zu werden?

Mein Mann bewarb sich bei einer italienischen Firma und musste einen Monat dort, vor Ort sein, um eingearbeitet zu werden.

Die Kosten für den Flug und das Hotel wurden glücklicherweise von der Firma übernommen.

Er bekam 50EUR von meiner Mutter zu gesteckt, das sollte reichen.

Es brach mir das Herz, ihn so gehen zu lassen.

1 ganzer Monat erschien mir endlos zu sein.

Immer wenn seine Kollegen in den Pausen essen gingen erfand mein Schatz irgendeine Ausrede um nicht mitgehen zu müssen.

Er schnappte sich Bonbons, aus der Schale der Rezeption, gegen den Hunger, bis er sich von Frühstück heimlich Brötchen einpackte.

Meine Mutter machte es mir nicht gerade leichter, sie schimpfte nur über meinen Mann.

Ich solle mich scheiden lassen, denn mit ihm würde ich unter der Brücke landen.

An meine Schwangerschaft dachte sie wohl überhaupt nicht.

Anfangs steckte sie mir immer etwas Geld zu, doch dann nicht mehr.

Die Situation spitzte sich zu.

Unser Kühlschrank und Vorratsschrank waren leer, ich hatte genau noch eine Portion Pasta.

An diesem Abend klingelte es an unserer Haustür, relativ spät, ich habe niemanden erwartet.

Meine Schwägerin aus Italien stand mit ihrer Tochter vor der Tür.

Ein Überraschungsbesuch pünktlich zur Geburt der Zwillinge.

Leider konnte ich nichts anbieten, wie gesagt ich besaß eine Portion Pasta, Wasser gab es aus dem Kran....

Kaffee gab es auch nicht mehr.

Ihren geschockten Gesichtsausdruck werde ich nie vergessen.

In dieser Zeit habe ich gelernt was es bedeutet Hunger zu haben und wie dankbar ich bin, wenn der Kühlschrank gefüllt ist.

Jede Krise macht uns stärker, wir wachsen daran.

Mein Mann bekam den Job und wir konnten auf atmen.

Nun konnte ich mich ganz auf die Geburt der Zwillinge konzentrieren.

Drei Monate musste ich mich ganz ruhig verhalten, da ich immer wieder Wehen bekam.

Hauptsache nicht ins Krankenhaus.

Wir hatten eine sehr gute Hebamme, sie hat mich von zu Hause aus betreut.

Den Babys ging es super und die Ärzte sahen es nicht für Notwendig die kleinen im 7. Monat zu holen, wie es sonst bei Zwillingen üblich war.

Mein Bauch wuchs und wuchs.

Ich sah aus wie ein Schiff, wenn ich die Treppe runter gelaufen bin, hatte ich Sorge dass ich vorne rüber kippen würde. So riesig war mein Bauch....

Der errechnete Geburtstermin war überschritten, von Wehen war weit und breit nichts zu merken.

Mein Wunsch war es die beiden spontan zu entbinden, wie es bei unserem großen Sohn der Fall war.

Die Realität sah jedoch anders aus.

Baby Nummer 2 lag quer über Baby Nummer 1, definitiv ein Kaiserschnitt.

Ich habe gebettelt und gefleht es auf natürlichem Weg versuchen zu dürfen, doch der Professor meinte zu meinem Mann.

„ Würde es um meine Frau gehen, würde ich das nicht zulassen, die Möglichkeit, dass sich das Baby während der Geburt dreht ist zu gering, dann wird es eh ein Kaiserschnitt. Wir sehen uns morgen früh im OP".

Somit war ich überstimmt. Keine Chance.

Ich hatte Panik vor dem Kaiserschnitt, so viele Horrorberichte habe ich gelesen.

Eine schlaflose Nacht folgte.

Am nächsten Morgen um 7.00Uhr besuchte mich der Anästhesist um die Narkose zu besprechen.

Ich zitterte richtig. Mir wurden Zugänge in beide Handrücken gesetzt.

Im OP wartete ein doppeltes Team auf mich. Es war richtig voll.

Für jedes Baby ein Arzt der operierte, eine Hebamme, ein Kinderarzt, eine Kinderkrankenschwester, zwei Narkoseärzte.

Ich sollte mich auf den Rand des OP Tisches setzen, mit dem Riesen- Bauch ein Akt.

Eine OP Schwester stand vor mir und hielt mich an den Schultern.

Meine Stirn lehnte ich an ihren Kopf.

Die Riesen Spritze bohrte sich durch meinen Rücken und brannte wahnsinnig.

Sofort war ich von der Brust abwärts betäubt.

Ein eigenartiges Gefühl.

Ich wurde auf den Tisch gelegt und ein großes grünes Tuch wurde vor mir aufgespannt.

Alle waren so lieb zu mir, meine Anspannung verflog.

Das einzige was mir Sorgen machte war, das mein Mann weit und breit nicht zu sehen war.

Es war Februar und draußen hatten wir – 15 Grad. Die Straßen waren Spiegelglatt.

Plötzlich setzte sich ein Mann zu mir, er war ganz in blauer OP Kleidung gekleidet.

Endlich war er da...!

Er lächelte mich an und hielt meine Hand.

Mein Held!!!

Ich wusste wie schwer es für ihn war, sich in diesem Krankenhaus aufzuhalten.

Als Baby hat er seine ersten 3 Lebensjahre dort verbracht und musste mehrere Operationen über sich ergehen lassen, er war immer noch traumatisiert.

Ich rechne es ihm bis heute hoch an, dass er bei den Geburten unserer Kinder anwesend war.

Nun ging es los, eine eigenartiges Gefühl, es fühlte sich an als ob ich auf einem Karussell säße,

der Bauch schleuderte hin und her.

Und da, mit einmal hörte ich ein kleines zaghaftes schreien.

Dieses kleine Stimmchen, so süß.

Mattia war der erste.

30 Sekunden später folgte Manuel.

Seine Stimme war stark und kräftig.

Die Babys wurden direkt in den Schockraum gebracht, zur Untersuchung.

Dies ist ein Raum ganz dunkel gehalten, nur eine kleine Lampe brennt über dem Untersuchungstisch.

Mein Mann durfte zu den kleinen und sie als erster sehen.

Ich lag auf dem OP Tisch wie blockiert.

Wir haben uns entschieden eine Sterilisation vorzunehmen.

Mit 3 Kindern war unsere Familienplanung abgeschlossen.

Die Ärztin schaute über das OP Tuch und fragte mich nun zum dritten Mal:

Frau Tornetta , sind sie sich ganz sicher, möchten sie nicht doch nochmal ein Mädchen haben?

Danke, Frau Doktor, ich bleibe dabei...!

Ich war so gespannt, unsere Babys zu sehen.

Minuten kamen mir vor wie Stunden.

Und dann stand er da, mein Mann kam zu mir, mit einem kleinen Bündel im Arm.

Er beugte sich zu mir runter und ich blickte in das kleine süße Gesicht.

Mattia war so zierlich und zart, wie ein kleines Püppchen, 2400g

Mir kamen die Tränen, auch mein Mann war ganz gerührt.

Die Hebamme zeigte mir das zweite Baby.

Manuel war ganz schön proper über 3000g.

Mit weit geöffneten Augen schaute er mich an.

Er hatte ganz dunkle Haare, Zuckersüß...

Alle beide sind Kerngesund, sagte die Hebamme.

Die kleinen dürfen sofort zu Ihnen aufs Zimmer, sie benötigen keine Kinderstation.

Nun wurden die beiden zum Bon Ding gebracht.

In einem Kreißsaal durfte mein Mann die kleinen auf die nackte Brust legen.

Der Hautkontakt ist in den ersten Stunden sehr wichtig.

Ich befand mich ja immer noch im OP Saal!!!

Die nächsten Tage im KH waren sehr entspannt, die kleinen aßen gut und schliefen sehr viel, dafür dass es zwei waren, weinten sie kaum und waren sehr zufriedene Babys.

Sie lagen gemeinsam in einem kuschelig warmen Wärmebettchen.

Riccardo war stolz wie Oscar, jetzt ein großer Bruder zu sein.

Die Kaiserschnitt Narbe verheilte gut.

Und somit durften wir nach Hause.

Das erste Jahr war schlaflos, trotz lieber Babys.

Im Wechsel mussten beide gefüttert und gewickelt werden, Tag und Nacht.

Mein Schlafmangel wirkte sich auf meine Sehkraft aus.

So wurde ich zur Brillenträgerin, keine Seltenheit, teilte mir der Augenarzt mit.

Auch mein Mann lief wie ein Zombie durch die Gegend, der arme musste täglich zur Arbeit.

Hier ein Beispiel, wie weit es kommen kann, ohne genügend schlaf.

Eines Morgens, war ich dabei das Frühstück vorzubereiten.

Es gab Brötchen, die vorher im Backofen aufgebacken werden sollten.

So, mein Plan zu mindestens.

Der Backofen war schon vorgeheizt, der Kaffee brühte vor sich hin, als ich die Brötchen einschieben wollte.

Ich fand meine Brötchen einfach nicht mehr.

Alles habe ich abgesucht, sie waren wie vom Erdboden verschluckt.

Ich versuchte mich zu konzentrieren.

Wo um Himmels willen sind die Brötchen?!?!

Ich habe doch ein kleines Backblech mit Backpapier ausgelegt und die Brötchen darauf verteilt....

Und dann?

Erst einmal einen Kaffee trinken, dachte ich mir, eventuell bin ich ja dann wacher.

Mein Cappuccino am Morgen war mein Anker, für den ganzen Tag.

Natürlich benötigte ich Milch.

So öffnete ich den Kühlschrank.

Und dort waren auch meine Brötchen.

Ich habe den Kühlschrank mit dem Backofen verwechselt.

Dies ist nur eine von vielen Anekdötchen, die ich erzählen könnte.

Als Zwillingsmama bzw. als Mutter dreier Kinder, rasen die Tage nur so an einem vorbei.

Zeit alleine, bekommt einen ganz anderen Stellenwert.

Schon ein einfaches Bad, am Abend kann Wunder wirken.

Zumindest anfangs, erging es mir so.

Ich wurde immer schwächer und schwächer, an den Wochenenden übernahm mein Mann oft die Nachtschicht, damit ich mal durchschlafen konnte.

So viel ich auch schlief es ging mir immer schlechter.

Mit dem großen Sohn im Garten Ball spielen, ging überhaupt

nicht mehr.

Ich war einfach zu schwach.

Mein Lachen und meine Fröhlichkeit verschwanden komplett.

Ich sehnte mich nach meinem Bett und wollte nicht mehr aufstehen, am besten Tagelang dort liegen, von morgens bis abends.

Mit niemanden wollte ich sprechen und niemanden wollte ich sehen.

Eines Abends saßen wir auf der Couch und die Zwillinge krabbelten um uns herum.

Ich saß teilnahmslos da und starte vor mich hin.

Mein Mann kniete sich vor mich hin und ich spürte seine Hand in meiner.

Sag mir, was dir fehlt, mein Schatz.

Ich werde alles tun, um dich glücklich zu sehen, ich werde alles tun.

Bitte gehe morgen endlich zu deinem Arzt, etwas stimmt nicht.

Seine Stimme klang ganz verzweifelt, dies ließ mich ein wenig wacher werden....

Gleich am nächsten Morgen saß ich in der Praxis.

Meine Ärztin bat mich eindringlich umgehend ins Krankenhaus zu fahren.

Der Hals war stark vergrößert.

Es war wirklich dringend.

Mein erster Weg war allerdings nach Hause zu fahren, um alles mit meinem Mann zu besprechen.

Wie sollte ich ihn mit drei Kindern, Haus und Job alleine lassen?

Ich griff zum Telefon um meine Mutter anzurufen:

„Mach doch jetzt keine Panik entgegnete sie, es wird nichts schlimmes sein".

Mein Mann drängte weiter und weiter.

Ich werde dich jetzt sofort in die Klinik fahren....

In der Notaufnahme angekommen, wurden die üblichen Untersuchungen durchgeführt.

EKG, Blutabnahme, Blutdruck messen.

Eine gefühlte Ewigkeit wartete ich dort, anrufe über anrufe wurden geführt, von Arzt zu Arzt.

Mein Drängen doch bitte schnell nach Hause zu meinen Kindern zu dürfen, wurde nicht berücksichtigt...

Langsam wurde ich unruhig. Was war nur los? Habe ich etwas Ernstes?

Sie gehen nirgendwo hin in ihrem Zustand und ihr Mann muss da jetzt alleine durch!!!

Es ist 1 Minute vor zwölf für sie.

Noch ein bis zwei Stunden und sie wären ins Koma gefallen, Frau Tornetta.

Was?

Harte Worte.

Die Diagnose:

Eine Schilddrüsen Überfunktion mit sehr hohen Werten.

So etwas habe ich in meinen ganzen 25 Dienstjahren nicht erlebt, sagte mir der behandelnde Arzt.

Sofort bekam ich Betablocker für das Herzrasen verabreicht, starke Schilddrüsen Hormone, Blutdrucksenker und noch so einiges. Ich kam auf sechs Tabletten pro Tag, dazu noch 4 große Infusionen Täglich mit Kochsalzlösung, zum Durchspülen.

Ich war weiterhin sehr Kraftlos, meine Depressionen wurden durch diese Überfunktion ausgelöst.

Nun lag ich dort blockiert im Krankenhaus, schon über eine Woche.

Mir fehlte meine Familie, mein Schatz war zu Hause so eingespannt das es ihm nicht möglich war mich zu besuchen.

Meine Mutter ließ sich auch nicht blicken, denn sie war sauer das sie ihren geplanten Urlaub wegen mir und den Kinder absagen musste.

Zu Hause wechselte sie weder eine Windel, noch eine Waschmaschine wurde angestellt, wenn mein Mann arbeiten war.

Nach der Arbeit musste er putzen, kochen, die Wäsche machen.

Ehrlich gesagt ist er kein Mann, der im Haushalt mit hilft, ganz im Gegenteil.

Auf Sizilien ist es nicht üblich, das die Männer auch nur den kleinen Finger im Haushalt krümmen.

So befand er sich jetzt völlig Überfordert mit allem allein gelassen da.

Es stellte sich heraus dass wir wirkliche Freunde in Deutschland gar nicht hatten, denn wenn es ernst wird, verkrümeln sie sich.

So war es leider auch bei uns.

Auf meine Genesung konnte ich mich gar nicht richtig konzentrieren, denn meine Gedanken waren Tag und Nacht bei meiner Familie...

Die Tage vergingen im Zeitlupentempo.

Ich war alleine und hatte daher sehr viel Zeit zum Nachdenken.

Wenn du realisierst, dass dein Leben fast zu Ende gewesen wäre und du deine Kinder nicht aufwachsen gesehen hättest, ändert sich dein gesamtes Weltbild.

Was lief schief in meinem Leben?

Des Öfteren habe ich in spirituellen Büchern gelesen, dass glückliche Menschen nicht krank werden.

Ich begann mich für Zen und Buddhismus zu interessieren.

Seelisches leiden zeigt sich dann auf körperlicher Ebene, der Körper ist unser Freund und signalisiert uns, wenn etwas nicht stimmt.

Schnell stellte sich heraus was nicht stimmte.

Das Verhältnis zu meiner Mutter nahm mir die Luft zum Atmen (Hals-Chakra).

Ich fühlte mich nicht geliebt und fremdbestimmt, wie gesteuert.

Sie wollte mich so Formen wie sie mich haben wollte.

Von Anfang an war sie mit meiner Ehe nicht einverstanden, sie wollte dass ich Karriere mache oder einen reichen Mann aus gehobenen Kreisen heirate.

Eine Krankheit zwingt uns zum Nachdenken und das ist auch gut so.

Nach 1 ½ Wochen wurde ich endlich entlassen.

Mir wurde eine Therapie für ein Jahr angeboten, anstatt die Schilddrüse komplett entfernen zu lassen.

Meine Werte wechselten hin und her, zwischen Unter/ Überfunktion.

Einmal die Woche musste ich zur Blutabnahme, das war auszuhalten.

Wenige Wochen nach meiner Entlassung, gab es eine Situation

die mein ganzes Leben verändern sollte.

Ich stand unter der Dusche, sehr verzweifelt, denn ich fühlte mich noch immer nicht 100% gut.

Mein größter Wunsch war es gesund zu sein und ich war ratlos wie sich die Beziehung zu meiner Mutter verbessern konnte.

Ich hatte den glauben und das Vertrauen zu Gott verloren, seid dem Tante Eta verstorben war. Ich gab ihm die Schuld, dass er mir sie weggenommen hat.

Ich erinnerte mich an den Sonntag nach der Kirche, als Tante Eta mit mir sprach.

Bete zu Gott, wenn du wirklich Hilfe brauchst, er wird die helfen.

Mir fehlte die Kraft zu stehen und sackte hinab, kauernd in der Dusche hatte ich mindestens 15 Minuten einen Weinkrampf.

Wie sollte ich zu Gott beten, nach so vielen Jahren?

Ich schämte mich zutiefst, jetzt um Hilfe zu betteln, doch ich fand keinen anderen Ausweg mehr.

So flehte ich Tante Eta an:

Bitte gehe zu Gott, wenn es ihn wirklich gibt, bitte ihn mir zu helfen. Ich schäme mich so.

Es ist dringend, ich habe einfach keine Kraft mehr....

Bitte sendet mir ein Zeichen.

HILFE, ich benötige HILFE!!! So kann es nicht weiter gehen. Diese ewige Traurigkeit und Antriebslosigkeit. Meine Familie braucht mich.

Bitte!!!!

Drei Tage später erhielt ich ein Zeichen, klar und deutlich.

 Ich ging hinunter in den Keller, um eine Waschmaschine anzustellen.

Mein Blick schwang zur Seite in das Spielzimmer unseres großen Sohnes.

Das absolute Chaos, Spielsachen überall.

So entschied ich, zuerst sein Zimmer aufzuräumen und stellte den Wäschekorb zur Seite.

In der Mitte des Raumes befand sich sein Maltisch.

Seit meiner Kindheit malte ich gerne doch im Alltag, des Erwachsen sein, verschwand diese Hingabe zur Kunst ganz und gar.

Besonders seit dem meine Eltern mir verboten haben, Kunst zu studieren, legte ich diesen Traum beiseite und rührte nie wieder Pinsel und Stifte an.

Ich sortierte die Malstifte und stellte sie in einen Becher, in die Mitte des Tisches.

Und fuhr mit dem aufräumen fort.

Die Stifte flogen in hohem Bogen durch den Raum, ich wunderte mich und hob sie wieder auf.

Ein zweites Mal und ein drittes Mal geschah dasselbe.

Dies war unmöglich!!!!

Es gab keinen Windstoß der sie hätte umwehen können. Alle Fenster waren verschlossen.

Dies war die Führung von oben, die mir mitteilen wollte, dass es an der Zeit war mit dem malen zu beginnen. Heilung!!!

Dies war der Schlüssel um aus meinem tiefen schwarzen Loch raus zu kommen.

Ich nahm die Stifte und Papier und begann zu zeichnen.

Mir war, als würde ich regelrecht aufblühen.

Die Farben taten meiner Seele gut. Und ich konnte wieder

lächeln.

Ich kaufte Acrylmalfarben und Leinwände.

Das mischen der Farben tat mir unendlich gut.

Es war, als würde ich die Kraft der Farben regelrecht aufsaugen.

Farben haben Heilkräfte, Farben bedeuten HEILUNG!!!

Für drei Tage und drei Nächte schloss ich mich in den Keller ein und malte.

Es war Wochenende und mein Mann kümmerte sich um die Kinder.

An diesen für mich historischen Tagen im Oktober, malte ich meine Depressionen weg.

Ich bin der beste Beweis dafür, dass Farben und Kreativität große Macht haben.

Seit dem, musste ich nie wieder an Depressionen leiden.

Und Kunst sollte nie wieder aus meinem Leben verschwinden, sondern ein fester Bestandteil sein...

Jeden Tag lernte ich mehr dazu.

Mir viel auf, das ich noch nie so glücklich war, in meinem Leben.

Ich veränderte mich.

Eine wahre Transformation.

Mein Selbstbewusstsein stieg enorm, meine Tage wurden strukturierter, den Haushalt und die Kinder schaffte ich mit links und es machte sogar großen Spaß.

Die Müdigkeit verflog, ich entdeckte Yoga und Meditation für mich, las viel über den Buddhismus und die ZEN Philosophie.

Ich fand meine innere Mitte.

In den folgenden Monaten spitzte sich die Situation zu, zwischen meiner Mutter und mir.

Ich ließ mir nicht mehr sagen und sie merkte das.

Eines Vormittags eskalierte die Situation am Telefon.

Sie beschimpfte mich, wie sehr ich mich verändert hätte.

Das ich nie Zeit für sie hätte und warum ich eigentlich drei Kinder in die Welt setzten musste.

Aus ihrer Stimme sprühte Hass und Gift.

Das Fass kam zum Überlaufen.

Ich explodierte, so lange sie mich beleidigte in Ordnung, aber meine Kinder zu beschimpfen war frech.

Außerdem entgegnete sie, das meine große Schwester sich Zeit für sie nehmen würde und ich überhaupt nicht...

Ich beendete das Gespräch. Mit der bitte dass sich auf diesem Niveau unsere Wege trennen.

Eine gute Zeit für einen kompletten Neuanfang.

Wir zogen aufs Land, wenige Kilometer entfernt.

Ein alter Bauernhof mitten in der Natur, ein Paradies.

Dort zu leben, war Balsam für meine Seele.

Absolut positive Energie.

Ich weinte viel die kommenden 2 Jahre, der Trennungsschmerz von meiner Mutter war groß.

Auf diese Art verstoßen zu werden, musste ich erst einmal verdauen.

Im nach hinein wurde mir so vieles klar.

 Ich wurde immer stärker und Selbstbewusster, so langsam kam die echte Eva zum Vorschein.

Natürlich war die Kunst ein fester Bestandteil, mit allem fertig zu werden.

Malen macht den Kopf frei und hilft in allen Lebenslagen.

Ein Jahr war vergangen, als ich eines Abends vom Einkaufen nach Hause kam

und mein Mann mich bereits erwartete.

Er wollte mir etwas Wichtiges mitteilen.

Dein Bruder hat hier soeben angerufen, du möchtest ihn bitte zurück Rufen. Dein Vater ist sehr krank und er möchte dich noch einmal sehen...

Mein erster Gedanke war: NEIN, nicht nach so vielen Jahren.

Jetzt plötzlich, möchte er mich sehen?

Mein zweiter Gedanke war:

Ein Mensch der weiß, dass er sterben wird, darf man den letzten Willen nicht abschlagen.

Nach einem langen Telefonat mit meinem Bruder, (sehr positiv) fuhr ich am nächsten Tag ins Krankenhaus.

Der Anblick meines Vaters, war schockierend für mich. Er lag dort bewegungslos in seinem Gitterbett.

Ein Schatten seiner selbst. Die Haare waren grau, er hatte kaum Falten, doch sein Körper war Steif und abgemagert.

Selbst im Rollstuhl konnte er nicht mehr sitzen. Zum Glück konnte er noch etwas die Arme bewegen.

Mein Vater fing an zu weinen als er mich sah, er war der Meinung, das nichts zwischen uns vorgefallen sei, in all den Jahren und das wir grundlos keinen Kontakt hatten. Ich ließ ihn in dem Glauben, denn ich wollte ihn in seinem Zustand nicht aufregen.

Und so weinten wir beide.

Er tat mir so leid. Ich hatte großes Mitgefühl und plötzlich war alles vergessen.

Ich konnte verzeihen, tief aus meinem Herzen heraus.

Auch meine Halbgeschwister und seine neue Ehefrau traf ich wieder.

Wie alle waren vereint, leider hatte mein Vater bisher auch zu den anderen Kindern keinen Kontakt mehr gehabt.

Zumindest in seinen letzten Tagen, waren wir alle präsent und brachten ihm Liebe und Fürsorge entgegen.

Nun stand ein ganz neues Kennenlernen an.

Wir stellten eine Art Tagesplan auf, sodass mein Vater nie alleine war.

Nachts übernachtete seine Frau bei ihm, tagsüber wechselten wir 5 Kinder uns ab.

Wenn möglich immer in zweier Gruppen.

Sein Zustand verschlechterte sich täglich.

Für mich war das alles schwer mit anzusehen.

Und das schlimmste, er konnte einfach nicht loslassen.

Er wollte nicht von dieser Erde gehen. Nicht jetzt.

Denn er machte sich große Sorgen um die finanzielle Absicherung seiner Frau.

Auch seine Kinder wollte er nicht loslassen.

Jetzt wo wir uns gerade wiedergefunden hatten.

Und er hatte große Angst vor dem was danach kommen würde.

Einmal sprach er mit mir ganz offen darüber, dies war seine Botschaft an mich:

``War das jetzt alles? Ist mein Leben schon vorbei? Schiebe nichts auf mein Kind, denn du weißt nicht wie viel Zeit dir noch bleibt.

Das Leben ist so kurz.

Er war nie ein Mann vieler Worte, doch ich verstand ihn.

„Lebe das Leben, welches du dir wünschst und schiebe nichts auf."

Die Situation spitzte sich zu, er konnte weder essen noch trinken.

Er drohte zu ersticken.

Die Ärzte vermuteten neben der beschädigten Leber auch noch Lungenkrebs, sahen aber von weiteren Untersuchungen ab, um ihn nicht noch mehr zu quälen.

Trotz allem war mein Vater wir ein „Steh auf Männchen", es schien als würde er endlich loslassen können und am nächsten Morgen als ich ihn wiedersah, saß er aufrecht im Bett und versuchte Kaffee aus seiner Schnabeltasse zu trinken.

Als mich mein Bruder angerufen hat hieß es, das er den nächsten Tag nicht überleben wird und nun waren schon 10 Tage vergangen.

``Ihr Vater hat ein sehr starkes Herz, Frau Tornetta``, erklärte der Arzt.

Mein Vater hatte den Wunsch zu Hause zu sterben, er lag nun schon 2 ½ Monate im Krankenhaus.

Unser großer Bruder organisierte alles was nötig war, innerhalb von wenigen Tagen.

Von Krankenbett, bis Sauerstoffgerät und Paliativhilfe angefangen.

Eine Glanzleistung!!!

Der Tag seiner Entlassung viel auf einen Samstag, ich wartete mit ihm auf den Krankenwagen, der ihn nach Hause fahren sollte.

Er freute sich auf seinen Wintergarten, sein ein und alles.

Während wir warteten erzählte er von meiner Mutter.

Allerdings kein schlechtes Wort, sondern er erzählte mir von ihrer gemeinsamen liebe, die so ganz anders war, als die zu seiner jetzigen Frau.

Es ging wohl immer ums Geld, ich war zu klein damals, um alles zu begreifen.

Später dann, kam es zur Scheidung, nach viel hin und her.

Es sollte einfach nicht sein.

Das schönste an diesem Samstagnachmittag, erzählte mir mein Vater, das ich sein absolutes Wunschkind gewesen sei.

Und das glaubte ich Ihm, es waren Worte von Herz zu Herz.

Der Krankenwagen kam und wir verabschiedeten uns.

Morgen sehen wir uns zu Hause, sagte ich noch.

Und er lächelte mich an.

Wenig später saß mein Vater im Rollstuhl in seinem Wintergarten, ganze fünf Minuten.

Er war zu schwach.

Aber immerhin.

Am nächsten Morgen besuchte ich ihn.

Dieses Haus zu betreten, war eigenartig für mich, so viele Erinnerungen kamen hoch.

Meist die schlechten.

Nichts desto trotz schob ich alle trüben Gedanken bei Seite und versprühte Positivität, für meinen Vater.

Der Wechsel zu sich nach Hause, hatte ihn sichtlich mitgenommen.

Es war sehr anstrengend für ihn, er tat mir so unendlich leid.

Das schlimmste ist, das die Angehörigen nicht viel helfen können in dieser Situation.

Ich denke einfach da zu sein und die Hand zu halten hilft am meisten.

Seit diesem Tag aß und trank er nichts mehr.

Er reagierte kaum noch auf Fragen, er schlief viel.

Meine Intuition sagte mir, dass seine Seele sich bereits auf den Weg nach Hause machte.

Er sah so glücklich und friedlich aus.

Sein ganzer Körper war entspannt, ein Zeichen, das er keine Schmerzen mehr hatte.

Dieser Zustand dauerte noch zwei Tage an.

Am Mittwochvormittag um 12.00 Uhr ging unser Vater ins Licht.

Alle Kinder hatten es rechtzeitig zu ihm geschafft, zwei kamen dirckt von dcr Arbcit , mit cincm längcrcn Anfohrtsweg.

Es war so als hätte er auf alle gewartet.

Wirklich, als mein Bruder an der Tür klingelte und er gerade wenige Minuten im Zimmer war, hörte sein Herz auf zu schlagen.

Wir lagen uns alle weinend in den Armen, hauptsächlich aus Erleichterung.

Die letzten Tage waren schrecklich und zehrten an unser aller Kräfte und Nerven.

Ihm das Leiden nicht abnehmen zu können, war das schlimmste.

Bei der Geburt und beim Sterben, sind wir auf uns alleine

gestellt, da müssen wir ganz alleine durch.

Er sah eigenartig aus, wie aus Wachs, wie eine Puppe.

Als das Palliativ Team eintraf, um ihm die Zugänge zu entnehmen, floss kein Blut.

Nur ein kleiner weißer Tropfen trat heraus.

Nachdem er gewaschen und angekleidet war, kam das Bestattungsunternehmen um ihn abzuholen.

Er hatte sich gewünscht, dass seine Asche verstreut wird.

Zwei Wochen später war es so weit.

Auf dem Friedhof gibt es extra eine Streuwiese, unter einer wunderschönen Linde.

Im engsten Kreis, wurde die Asche verstreut, für mich ein sehr emotionaler Moment.

In den folgenden Wochen trat Ruhe ein. Ich verarbeitete alles Schritt für Schritt.

Wie immer waren mein Mann und meine Kinder eine große Stütze für mich.

Sie sind mein Anker!

Natürlich ging es sich auch um das Testament,

mein Vater hatte nicht beachtet, seine neue Ehefrau eintragen zu lassen und so stand ein großer Teil des Erbes meiner Mutter zu.

Persönlich habe ich Sie nicht getroffen, doch mein Bruder.

Und sie erzählte ihm dass ich bei ihr gar nicht mehr ankommen brauche.

Ganz ehrlich, hatte ich etwas anderes erwartet?

Dennoch schrieb ich ihr einen Brief.

Ich war so weit zu VERZEIHEN und FRIEDEN zu schließen.

Warum war es nicht möglich sich zusammen zu setzen?

Das kleine Mädchen von früher war ich nicht mehr, ich war gereift und würde mich nicht mehr manipulieren lassen.

Ich wollte nicht, dass es sich nochmal wiederholt, wie bei meinem Vater, dass wir wertvolle Jahre verlieren.

Denn diese Jahre sind verloren und es gibt keine Möglichkeit sie nachzuholen.

Alles schrieb ich auf, offen und ehrlich, ohne Anschuldigungen.

Den Brief habe ich abgeschickt, doch bis heute habe ich kein Feedback erhalten.

Von meinem Bruder weiß ich allerdings dass sie ihn erhalten hat, es besteht kein Interesse, sie möchte nichts mit mir zu tun haben.

Mein Bruder sagte mir:

``Lass es gut sein, so wie es ist und lebe dein Leben, sie möchte nicht. Vielleicht ist es ja wie bei Vater und bevor sie stirbt, meldet sie sich bei dir!!´´

Dieses Buch soll inspirieren und ein Zeichen setzen.

Egal wie schwer die Vergangenheit war, wir haben die Möglichkeit sie hinter uns zu lassen und nach vorne zu schauen.

Es gilt zu akzeptieren was nicht zu ändern ist.

Gehe immer vorwärts und niemals zurück.

Die Zukunft liegt vor dir, sie ist ein Geschenk.

Jeder einzelne Tag ist wie ein neues Leben.

Lass es fließen,

schwimme mit dem Fluss und niemals dagegen.

Vertraue dem Leben!

- Zen -

Du bist stärker als du glaubst.

Nach all den Erschütterungen in meinem Leben, bin ich immer noch hier.

Ich lebe noch.

Das was ich dir raten kann ist, mache dein Herz weit auf.

Und sehe mit dem Herzen.

Mein Motto:

Happiness is the key! (Glücklichsein ist der Schlüssel)

In LIEBE

Eva – Maria Tornetta

Innenschau

Beginne mit der Innenschau. Dein Ziel ist es, dein Herz zu öffnen um mit dem Herzen sehen zu können.

Wir werden geboren mit dieser ganz natürlichen Eigenschaft.

Babys haben diese Fähigkeit von innen heraus zu leuchten. Sie haben ihr Herz weit geöffnet.

Ihre kleine Welt ist perfekt, ihr Körper ist perfekt, sie lieben sich. Sie bewerten nicht ihren gegenüber. Sie lieben alles und jeden.

Sie geben Liebe und empfangen Liebe.

Es wurde wissenschaftlich erwiesen das Babys die keine Liebe erhalten, sterben.

Dies hängt nicht von genügend essen oder trinken ab. Körperliche Nähe und Liebe ist das, was sie Hauptsächlich wachsen und gedeihen lässt.

Herzmeditation / Körper scannen

Beginne mit der Herzmeditation/ Body Scan. Diese Übung führe ich jeden Morgen durch,

Ein schönes Ritual um deinen Tag entspannt zu starten.

Der Grund warum ich so krank geworden bin ist folgender:

Ich habe die Sprache meines Körpers ganz einfach ignoriert. Unser Körper kommuniziert mit uns, jeden Tag.

Unser Körper ist ein wahres Wunderwerk, er ist jeden Tag 24 Stunden für uns da, um uns zu dienen.

Er gibt uns Zeichen, wenn etwas nicht stimmig ist.

Zuerst durch Gefühle, dann durch Schmerzen, bis hin zu ernsthaften Krankheiten.

Spüre in deinen Körper hinein, ob es sich an manchen Stellen eng und bedrückend anfühlt, oder schmerzt es sogar schon?

Der Idealfall sollte sein, das dein Körper sich frei und weit anfühlt, ohne Schmerzen.

Das du tief durchatmen kannst und mit jedem Atemzug frische neue Energie bekommst.

Lass uns starten:

Nehme dir 15- 20 Minuten Zeit für diese Meditation.

Richte dir eine gemütliche Meditationsecke in deinem zu Hause ein.

Wenn du magst mit Blumen, Bildern Räucherstäbchen oder Duftkerzen.

Setze dich auf den Boden, mit Hilfe eines Meditationskissen oder einem Bänkchen, den Rücken gegen eine Wand gerichtet. Nach Feng Shui (Was ist Feng Shui? Feng Shui ist eine taoistische Harmonielehre aus China. Ziel ist die Harmonisierung des Menschen mit seiner Umgebung, die durch eine besondere Gestaltung der Wohn- und Lebensräume erreicht werden soll).

Reibe deine Hände an einander, so als wäre dir kalt, um dich aufzuwärmen.

So erzeugst du Energie. Du spürst wie sie warm werden und wie deine Hände anfangen zu kribbeln.

Nun liegen beide Hände übereinander auf die Mitte deiner Brust, dort befindet sich dein Herz Chakra.

(Was sind Chakren? Chakren sind Energiezentren, Rädchen, zwischen dem physischen und dem feinstofflichen Körper des Menschen. Es gibt 7 Haupt Chakren und jedem ist eine eigene Farbe zugeordnet.)

Nehme drei tiefe Atemzüge und spüre in dich hinein.

Beginne unten an deinen Füßen und wandere Schritt für Schritt deinen Körper hinauf, bis zu deinem Scheitel.

Was fühlst du?

Spüre in dich hinein.

Atme tief in die Stellen hinein an denen es sich nicht stimmig anfühlt.

Denke an den glücklichsten Moment in deinem Leben.

Wo du so richtiges glücklich sein empfunden hast.

Schicke dieses Glücksgefühl und die positive Energie durch dein Herz und von dort aus durch deinen gesamten Körper.

Beginne wieder bei den Füßen bis hinauf zum Scheitel

Die positive Erinnerung gemeinsam mit der positiven Energie: Visualisieren, Fokussieren und dann durchs Herz gehen lassen.

Das ist der Schlüssel.

Eine weitere schöne Übung, immer wieder zwischendurch am Tag:

Beobachte deinen Atem.

Spüre ihn. Was für ein Wunder, wir atmen völlig automatisch. Und so oft atmen wir flach. Ganz und gar unbewusst.

Mehrmals tief ein und ausatmen, beruhigt Körper, Geist und Seele.

Am Anfang werden dir alle möglichen Gedanken durch den Kopf gehen.

Wie zum Beispiel:

Habe ich den Einkaufszettel schon geschrieben?

Welche Termine habe ich heute?

Dies ist ganz normal, nehme den Gedanken war, bewerte nicht.

Stelle dir diesen Gedanken wie eine kleine weiße Wolke vor, die du Bildlich (in Gedanken) mit der Hand zur Seite schiebst.

Fokussiere dich neu und weiter geht's.

Schon nach einer Woche täglichen Übens, dieser zwei Übungen, wirst du eine Veränderung feststellen.

Du wirst dich allgemein Kraftvoller fühlen.

Stille tut so gut.

Du wirst erstaunt sein, was du dort alles entdecken kannst.

Egal welche Frage du hast, alle Antworten findest du tief in dir, wenn du in die Stille gehst.

Dies ist ein ganz besonderes Geschenk, sei stets dankbar dafür.

Beobachte

den Rhythmus deines Atems;

Fühle die Luft aus und einströmen,

fühle die Lebensenergie

in deinem Körper.

Erlaube allem zu sein, innen und außen.

Erlaube das So- Sein

 aller Dinge.

Bewege dich tief ins jetzt hinein.

Eckhard Tolle

Yoga

Zur täglichen Morgenroutine gehört außerdem eine Yoga Frequenz, so wie du es Zeitlich einrichten kannst (10 – 20 Minuten).

Yoga macht etwas mit Dir.

Yoga ist eines der ältesten Systeme der Welt, das Körper und Seele vereint und die persönliche Entwicklung fördert. Du kannst Stress und Anspannung abbauen, den Körper gesund halten und mit Energie aufladen.

Ein ruhiger und klarer Geist wird durch die Yogapraxis entwickelt.

Die Klassischen Yogaübungen (Asanas) wirken auf alle Körperregionen.

Sie strecken und kräftigen die Muskeln und Gelenke, entspannen die Wirbelsäule und gleichen zusätzlich die Funktion der einzelnen Organe, Drüsen und Nerven aus. Körperblockaden und Verspannungen werden gelöst, der Energiefluss im Körper wird aktiviert.

Dieses Mini Programm habe ich mir selbst erarbeitet.

Ich bin keine Yoga Lehrerin. Besuche doch einfach mal einen Yoga Kurs in deiner Stadt.

Als Einstieg empfehle ich: Surya-namaskar – Der Sonnengruß.

Er stärkt den Körper und hält ihn elastisch.

Im Anschluss an den Sonnengruß empfehle ich dir eine kurze Entspannung auf der Matte.

Yoga sorgt für mehr Gelassenheit und Ruhe im Alltag. Du kannst entspannen und runterkommen.

Dein Energielevel steigt. Und du wirst allgemein Gelassener. So schnell wirft dich nichts mehr aus der Bahn...

Yoga hat mir geholfen zur Selbstliebe zu gelangen, du lernst deinen Körper besser zu spüren.

Qi Gong

Begleitend zur Meditation habe ich Qi Gong entdeckt. Ruhe und Energie. Das Qui, unsere Lebensenergie wird so wieder zum Fließen gebracht.

Das Immunsystem wird gestärkt.

Die fließende Abfolge der Bewegungen entspannt und erdet.

Wir können so die innere Mitte er spüren, sowie unseren Atem.

Ich habe so für mich festgestellt, dass unsere Stärke von innen heraus kommt.

Eine wertvolle Erfahrung.

Ernährung und Sport

Es gab eine Zeit, da habe ich meine Unglücklich sein mit Essen kompensiert.

Ich habe gefuttert ohne Ende.

Dazu kam noch die Schilddrüsenerkrankung und mein Gewicht geriet aus den Fugen.

Mein Übergewicht war enorm.

Unkontrolliertes Essen, kann großen Schaden anrichten.

Auf das richtige Verhältnis von Ernährung und Bewegung kommt es an.

Vor allem, trinke dich gesund. Mindestens zwei Liter stilles Wasser am Tag.

Unsere Zellen benötigen Wasser. Wasser bedeutet Leben!!!!

Meine Ernährung habe ich radikal umgestellt.

Viel Gemüse, Hühnchen und Fisch.

Sonntag ist mein Ausnahme Tag, zum Schlemmen...

Für mich habe ich das schnelle Radfahren entdeckt, meine ideale Sportart.

Experimentiere, welche Sportart für dich stimmig ist.

Bewegung macht Spaß und nachher möchtest du sie nicht mehr missen.

So habe ich 20 kg abgenommen.

Sei Achtsam mit deinem Körper.

Er wird es dir danken, indem du ein fitter gesunder Mensch bist.

Musik/ Klang

Die Musik war mir immer ein großer halt, in schweren Zeiten.

Schon als ganz kleine. In den 80er Jahren, gab es diese kleinen Kassettenrekorder mit Aufnahmetaste.

Ich habe es geliebt zu singen und alles aufzunehmen.

Meine Eltern haben alles versucht, dass ich ein Musikinstrument lerne. Sagen wir mal, ich war sehr Sprunghaft in meinen Entscheidungen. Ein bisschen Klavier, ein bisschen Trompete und ein bisschen Gitarre. Ich war zu faul zum üben, und so, spiele ich auf diesen Instrumenten nur ein wenig. Intuitiv.

Heute bereue ich das sehr. Aber wer weiß?

Eventuell versuche ich es noch einmal, aber dieses Mal richtig und mit sehr viel Ausdauer.

Eines Tages, brachte mir mein Mann, ein Geschenk von seiner Geschäftsreise aus Hamburg mit. Er mag keine großen Shopping Touren. Doch in diesem Geschäft hielt er sich einige Stunden auf. Er befand sich in einem Klangschalengeschäft. Der Verkäufer nahm sich sehr viel Zeit und erklärte ihm alles Wissenswerte über Klangschalen.

Selten habe ich meinen Mann so fasziniert erlebt. Eigentlich ist er ein sehr realistischer Mensch, ein richtiger Kopfmensch eben.

Zu Hause präsentierte er mir das schöne Stück, auch ich war fasziniert. Er führte gleich eine kleine Klangschalenmassage bei mir durch. Solch eine Tiefenentspannung habe ich noch nie erlebt. Die Vibration und der Klang sind einfach einzigartig.

Dieses ganz besondere Klangerlebnis berührte meine Seele.

Meine Neugier war geweckt, ich wollte so viel mehr erfahren, über dieses besondere Instrument.

Ich setzte mich an meinen PC, um möglichst, in der Nähe einen Lehrer finden, der mir mehr Informationen über die Klangschalenmassage geben konnte.

Und Volltreffer!!!

Eine Homepage die meine Erwartungen erfüllte, allerdings, ausgerechnet in meiner Heimatstadt.

Ich schlug die Hände über den Kopf zusammen.

Warum ausgerechnet dort.

Im ersten Moment schnürte sich mir mein Hals zu.

Um nichts in der Welt wollte ich diese Stadt noch einmal betreten.

Einige Tage waren bereits verstrichen.

Immer wieder gelang ich automatisch auf diese Homepage. Es gab einfach keinen so guten Lehrer, in meiner Nähe.

Seine Referenzen waren super.

Ich schaute mir seine Adresse doch mal genauer an und stellte fest, dass der Wohnsitz außerhalb   gelegen war, also nicht genau in der Innenstadt.

Eines Morgens, nach dem Aufstehen sagte ich mir, und heute kontaktierst du ihn.

Jetzt oder nie!!!!

Sogleich bekam ich drei Wunschtermine, unter anderem, den 16.März.

Mein Geburtsdatum.

Dies ist ein Zeichen, dachte ich mir, und bestätigte dieses besondere Datum.

Der 16 März war ein regnerischer Tag.

Das Seminar fand bei ihm zu Hause statt, auf einem alten Landgut. Gerade waren Ingo und Claudia, seine Frau, dorthin gezogen.

Claudia sorgte für das leibliche wohl.

Ich fuhr die lange Allee entlang, alles sah sehr gepflegt und einladend aus.

Ihre Gastfreundlichkeit und Herzlichkeit tat mir so gut.

Im Wohnzimmer am Kamin, tranken wir einen Tee. Gemeinsam mit mir, war noch eine Seminarteilnehmerin dabei.

Die Chemie stimmte und in so einer kleinen Runde zu lernen, war sehr angenehm.

In Ingos Seminarraum, wurden wir sehr ausführlich in die Welt der Klangschalen eingeführt.

Ich erhielt meine erste Klangschalenmassage. Ein Erlebnis, das ich nie vergessen werde.

Eine Tiefenentspannung, erfüllte mich.

Ich fühlte mich so erholt, als wäre ich gerade zwei Wochen im Urlaub gewesen.

Einfach sehr informativ und inspirierend.

In der Pause verwöhnte uns Claudia mit ihren Kochkünsten.

Ein schön gedeckter Tisch, köstliche Speisen, eine sehr stimmige Atmosphäre.

Es war schwer für mich, mich öffnen zu können, ich merkte wie gehemmt ich in Wirklichkeit war.

Ich hatte Angst vor Verletzungen, jemanden sympathisch zu finden und dann doch wieder zurück gewiesen zu werden.

Doch meine Ängste wurden im Keim erstickt.

Ich konnte wieder vertrauen.

Ehrlich gesagt, hatte ich den Eindruck, dass sich durch diese Klänge, meine Blockade gelöst hat.

Und so war es auch!!!

Ingo führt außerdem Hypnosen durch.

Er hat mir sehr bei der Trauerarbeit mit meinem Vater geholfen.

Doch dazu später.

Es gibt nur wenige, die wirklich gut sind, Menschen in Hypnose zu versetzen.

Ingo ist definitiv einer davon!!!

Natur

Die positive Wirkung der Natur.

Von meinem Vater habe ich die Leidenschaft für die Natur geerbt.

Jeden Morgen bevor er seinen Dienst im Hotel antrat fuhr er mit dem Rad und unserem Hund in den Wald. Zwei Fliegen mit einer Klappe.

Er ging joggen und unser Hund hatte genug Auslauf.

So oft es ging fuhr ich mit ihm.

Diese Ruhe und der Frieden im Wald, gaben mir halt.

Alleine mit ihm im Wald, das ist meine schönste Erinnerung an ihn.

Die große Runde, führte zu einem wunderschönen Waldsee.

Dort haben wir uns auf eine Bank gesetzt und erzählt.

Oft haben wir gemeinsam auf dem nahe gelegenen Spielplatz geschaukelt.

Außerdem gab es dort eine Seilbahn und er hat mich immer angeschoben.

Wir hatten wirklich Spaß.

Die kleine Runde führte an einer Art Graben vorbei und unsere Mutprobe war es jedes Mal, auf dem Fahrrad mit Vollgas durch ihn hindurch zufahren.

Ich war jedes Mal stolz wie Oskar.

Solche Erinnerungen bleiben auf Ewigkeit in unserem Herzen gespeichert.

Ein besonders wertvoller Schatz.

Auch jetzt als Erwachsene, haben mir Spaziergänge in der Natur sehr geholfen. Auch dank unserer englischen Bulldogge Ben.

So war ich gezwungen jeden Tag 2x eine Gassi-Runde zu gehen.

Ein Vorteil ist es natürlich auch in der Natur zu leben.

Wir sind aufs Land gezogen.

Ein wunderschöner Bauernhof in mitten von Feldern und kleinen Wäldern.

Ich empfehle dir in der Natur mal so richtig durchzuatmen.

So das deine Lungen sich mit Sauerstoff füllen.

Atem bedeutet Leben.

Außerdem scheiden wir über den Atem angestaute Energien aus.

Er wirkt wie Detox.

Besonders gut, wenn du an einem Gewässer wohnst. Bei uns in der Nähe gibt es den Rhein und einige kleine Seen.

Halte dich so oft es geht am Wasser auf.

Lasse es fließen!!!

Bei schönem Wetter meditiere in der Natur. Nirgendwo sonst ist die Anbindung, an dein Herz so stark.

In Sciacca (Sizilien) liebe ich es am Strand spazieren zu gehen.

Es gibt dort ˝meinen´ Strand, dort habe ich meinen festen Meditationsplatz.

Hoch oben auf einem Felsen, mit einem Atemberaubenden Blick über das Meer. Soweit das Auge reicht.

Dort habe ich übrigens Gott das erste mal so richtig, für mich erfahren können.

Mehr dazu im Kapitel- der Glaube -.

Besonders **Salzwasser** und Salz Luft wirken **reinigend** für unser **Energiesystem**.

Ein weiterer wichtiger Aspekt sind Zimmerpflanzen:

Natur für zu Hause.

Urban Jungle, Indoor Jungle, macht riesen Spaß.

Einen grünen Daumen bekam ich ehrlich gesagt erst, als wir aufs Land gezogen sind.

Und durch unsere liebe Vermieterin, die leider ebenfalls an Krebs verstorben ist.

Es hat sich eine tiefe Freundschaft entwickelt zwischen uns.

Eines Tages standen wir im Garten und ich schaute ihr beim Gärtnern zu, dies war ihre große Leidenschaft.

Ich lachte sie an und stellte fest, dass ich immer noch keinen grünen Daumen entwickelt hatte.

Sie strich mir über den Arm und sagte, wann fängst du denn endlich mal damit an?

Da hat es bei mir klick gemacht, diesen Satz werde ich niemals vergessen.

Und seitdem habe ich meinen grünen Daumen erhalten.

Eine wunderbare Erinnerung an sie. Ein Geschenk.

Auch Ben, unsere englische Bulldogge hat mir wieder den Blick für die Natur geöffnet.

Lange Zeit war mir dieser abhandengekommen.

Nur Mut!!!

Auch wenn dir mal eine Pflanze eingehen sollte, gib nicht auf, übe weiter.

Manchmal vergessen wir unsere Pflanzen zu gießen. Doch die häufigste Todesursache für Pflanzen ist, wir ertränken sie.

<u>Die Vorteile von Zimmerpflanzen:</u>
  – Sie bauen Stress ab
  – Sie verbessern das Raumklima und reinigen die Luft
  – Die Arbeitsleistung ist dank der Zimmerpflanzen höher

- Blumen und Pflanzen stimulieren Emotionen
- Die Raumgestaltung mit Pflanzen wirkt sich positiv aus
- Die grüne Umgebung eignet sich zu jedem Design

Noch ein kleiner Tipp:

Jeden Freitag kaufe ich frische Rosen und verteile sie in der ganzen Wohnung. (Wohnzimmer, Bad, Atelier, Schlafzimmer)

Ich liebe Rosen und ihren Duft.

Passend zum Wochenende.

Kunst/ Art:

Farben haben eine besondere Heilkraft.

Sie haben mir geholfen, mich von meinen Depressionen zu befreien, die Aufgrund meiner Schilddrüsenerkrankung aufgetreten sind.

Intuitives malen und Mandalas.

Mein Tipp:

Beginne mit Mandalas. Mandala bedeutet, Kreisförmig, das Runde.

Mandalas, zentrieren dich. Sie geben dir eine Leitlinie, im innen sowie im außen.

Suche dir 3-4 Farben heraus, welche für dich stimmig sind und gestalte mit diesen Farben im Wechsel dein Mandala.

Ich starte mit dem ausmalen von innen nach außen.

Auch heute, wenn ich einen langen Tag hatte, male ich einfach nur ein Mandala aus.

Das beruhigt mich ungemein, denn wenn ich male schaltet sich mein Gedankenkurassel aus.

Du versinkst ganz und gar in den Farben.

Später dann kannst du zum intuitiven malen übergehen, ganz ohne Vorgaben.

Ob Acryl auf Leinwand, Pastellkreiden oder Aquarellfarben, Es ist erlaubt was gefällt.

Lasse im Hintergrund schöne Musik laufen, am besten Klassisch, Gitarre oder Klavier.

Die Kombination von Farben und Klängen bedeuten Heilung und Entspannung pur.

Beginne einfach. Du wirst erstaunt sein, was dabei herauskommt.

Viel Spaß beim KREATIV sein.

Der innere Frieden beginnt in dem Moment,

in dem du dich entscheidest,

einer anderen Person oder einem Ereignis nicht

zu erlauben,

deine Emotionen zu kontrollieren

-Zen-

Loslassen

Loslassen bedeutet für mich, zu akzeptieren was ist.

Ich habe sehr, sehr lange gebraucht um die Situation mit meiner Mutter zu verstehen und loslassen zu können.

Mein Gedanke war immer, wir sind doch Mutter und Tochter und nicht irgendwelche Bekannte oder Nachbarn.

Ich wünsche dass Du lernst auf deine Emotionen und Gefühle zu achten.

Fühlt sich etwas nicht stimmig an, dann gehe raus aus dieser Situation.

Wenn es vorbei ist, geh.

Gieße nicht eine Blume weiter, die bereits tot ist.
  – Zen-

Du kannst den Body Scan dafür nutzen:

Setze oder lege dich bequem hin, zünde Kerzen und wenn du magst auch ein Räucherstäbchen an.
  – Fühle nun dein Gefühl. Wenn es sich eng und erdrückend

anfühlt als würde es dir sie Kehle zuschnüren, so gilt es dies Loszulassen und zu transformieren.

- Ein angenehmes Gefühl fühlst du weit und offen in deinem Bauchraum.
- Negative Gefühle kreieren Krankheiten. Wir dürfen diese Gefühle betrachten, akzeptieren und dann Loslassen.

- Es bringt dich nicht weiter, in Situationen/ bei Menschen zu bleiben, die dir nicht gut tun. Ganz im Gegenteil.
- Du wirst Krank darüber!
- Du stagnierst und bist wie blockiert

Bei meinem Aufenthalt in Sciacca, alleine ohne meine Kinder und ohne meinen Mann. (4 Tage)

Habe ich die Zeit unter anderem dafür genutzt dieses Ritual durchzuführen:

Mein Lieblingsort (Kraft Ort) an einer Klippe oberhalb des Meeres, fand ich ideal dafür.

Es war höchste Zeit von meiner Mutter Abschied zu nehmen und zu verzeihen.

Nicht für sie, sondern nur für mich.

Ich habe festgestellt dass ich diese Traurigkeit auf meine Familie produziert habe.

Dies musste ein für alle Mal ein Ende haben.

Auf einem Blatt Papier habe ich ihren Namen geschrieben, ein Symbol gemalt, in diesem Fall ein Herz.

All das was ich gelernt habe in dieser Situation aufgeschrieben und die Dinge wofür ich ihr danken wollte.

Ich habe alles laut vorgelesen und den Zettel dann zerrissen und dem Meer übergeben. Es war sehr befreiend.

So, als würde mir ein Fels von der Brust gefallen sein.

Ich fühlte mich FREI, endlich Freiheit!!!!

Der Neubeginn

Vergiss wer dich gestern verletzt hat,

aber vergesse nie diejenigen, die dich jeden Tag lieben.

Vergiss die Vergangenheit, die dich zum Weinen gebracht hat,

Konzentriere dich auf die Gegenwart, die dich zum Lächeln bringt.

Vergiss den Schmerz, aber niemals die Lektion die du gewonnen hast.

- Zen-

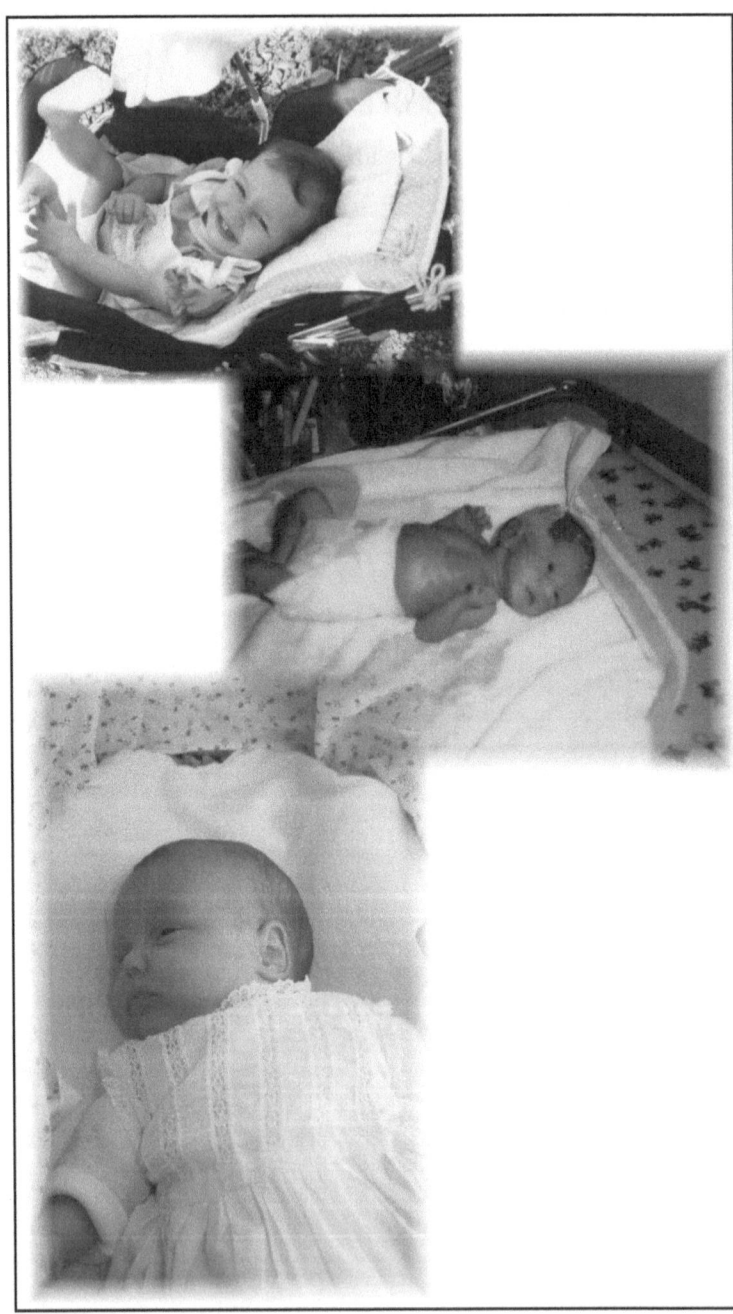

Großreinemachen

Dein Inneres spiegelt dein äußeres wieder und umgekehrt.

Sauberkeit und Ordnung = Klarheit im Geist.

Unabhängig von Zen, habe ich ein Buch über Mutter Teresa gelesen.

Es hat mich ganz besonders beeindruckt, dass wenn diese kleine Frau, durch die Slums von Kalkutta ging um Menschen zu helfen, immer eine Putz-Trupp dabei hatte.

Schwestern aus ihrem Orden, die mit Hingabe die Bretterbuden putzten.

Nach der Hausreinigung widmete sich Mutter Teresa den Menschen, die in dem Haus wohnten.

Im Zen wird der Boden geputzt um die Klarheit im Geist zu erlangen.

Eine intensive Achtsamkeitsübung zur Zentrierung.

Nur in einem sauberen Umfeld, können wir zu uns finden und Balance bleiben.

Wie ich schon öfter erwähnt habe, war ich meinem Alltag nicht mehr Mächtig.

Ich war nicht mehr in der Lage meinen Haushalt zu führen.

Es war Zeit die Kontrolle über mein Leben zurück zu bekommen.

So gesehen musste ich wieder von null starten.

Mein Anker war, den Alltag ganz neu zu Strukturiren.

Und so habe ich mir Listen erstellt.

Putzliste, Koch Plan für die ganze Woche, Einkaufsliste, eine Morgenroutine, Eine Abendroutine

(für die ganze Familie).

Dies hat mir so enorm viel gebracht, schon nach den ersten drei Wochen, sah die Welt wieder ganz anders aus.

Routine gibt Sicherheit, und es geht alles viel leichter von der Hand.

Organisation ist alles und bitte genügend Pausen einplanen.

Nun zeige ich dir, die Aufstellung meiner Listen.

Dies soll ein kleiner Leitfaden für dich sein.

Natürlich kommt es auf deinen Tagesablauf an, variiere diese Listen nach deinem Alltag und natürlich der Anzahl der Personen in deinem Haushalt.

Ob Single, verheiratet, verheiratet mit Kindern, es lässt sich alles wunderbar anpassen.

Meine Putzroutine:

In einem Haushalt, braucht es einen Leitfaden und was würde mehr Sinn ergeben als einen Putzplan.

Du wirst sehen, schon nach den ersten drei Wochen geht alles wie automatisch.

Wichtig ist nur, dran bleiben.

Und nicht in alte Muster verfallen.

Disziplin, lautet das Zauberwort.

Es macht wirklich Spaß, einen geregelten Ablauf zu haben, jeden Tag ein bisschen, du wirst sehen,

so schlimm ist das Thema Haushalt dann gar nicht mehr.

Mein Tagesablauf ist wie folgt (außer sonntags, diesen Tag nehme ich mir komplett für meine Familie frei):

Vormittags :Täglich, alle Räume /montags bis Samstag 1 1/ 2 Stunde:
- Betten machen
- Waschmaschine anstellen
- Über alle Flächen Staub wischen (Jeden Tag gemacht, ist dies wirklich kein großer Akt)
- Badezimmer putzen (Waschbecken, Dusche, Badewanne, Toilette, Spiegel)

- Böden und Treppen, Staubsaugen oder wischen, je nachdem, wie viel Schmutz.
- Spinnweben entfernen, Raum für Raum

Nachmittag, Montag bis Samstag, 1 Stunde:

Montag: Kinderzimmer, Riccardo, Fenster putzen, Schränke aufräumen und putzen.

Dienstag: Kinderzimmer, Zwillinge, Fenster putzen, Schränke aufräumen, putzen.

Mittwoch: Schlafzimmer/ Büro, Fensterputzen, aufräumen, Post sortieren.

Donnerstag: Badezimmer, Fliesen abwaschen, Badezimmerschrank aufräumen und putzen.

Freitag: Wohnzimmer/ Küche (bei uns ein großer Wohnraum) Fenster putzen, Schränke aufräumen, putzen, im Wechsel Wohnbereich und Küche (Achte bitte auf wenig Möbel und Gegenstände, MINIMALISMUS!!!

Samstag: Hausflur/ Eingangsbereich, Fenster putzen, Schuhschrank, Garderobe aufräumen,

Auto waschen.

Wäsche, jeden Tag 30 Minuten!!!!

Integriere 30 Minuten für die Wäsche, in deinen Tagesablauf, wo es für dich am besten passt.

Früher hat mich das Thema Wäsche wirklich gestresst, bis ich dieses System für mich gefunden habe.

Zum größten Teil verdanke ich dies meiner lieben Schwiegermutter, die mir diesen Tipp gegeben hat.

Auch hier achte ich mittlerweile auf Minimalismus.

Ich setze auf Basic Mode, die Zeitlos ist und sich sehr gut kombinieren lässt.

Wirklich, weniger ist mehr und unser Kleiderschrank ist auf das notwendigste beschränkt.

Am besten kannst du dies prüfen in dem du alle Kleiderschränke ausmistest.

Regelross alle Teile spendest oder entsorgst, die du die letzten zwei Monate nicht getragen hast.

Eine weitere Regel:

Für jedes Teil, welches du neu kaufst muss ein anderes weg.

Mit diesem einfachen Trick verfällst du nicht mehr dem Sammelwahn, auch Fehlkäufe werden weniger.

Mein Tipp für dich:

Widme dich jeden Abend 30 Minuten deiner Wäsche.

Falte so viel es geht, bügele nur das notwendigste, wie Oberhemden.

Damals habe ich wirklich alles gebügelt.

Ein weiterer Stressfaktor war für mich das Thema Socken!!!!

Stunden habe ich abends verbracht alle Socken, besonders der Kids zu sortieren.

Ein einfacher Trick, jedes Familien – Mitglied erhält seine eigene Socken Farbe.

Das heißt, zum Beispiel: Kind 1, grüne Socken/ Kind 2 blaue Socken, Kind 3 graue Socken.

Halleluja, was für eine Erleichterung beim Sortieren.

Mit Musik geht alles besser!

Drehe deine Lieblingsmusik laut auf

Und los geht's

Den Alltag bewältigen

Ich brauchte ein Konzept, einen Leitfaden, ich war völlig Orientierungslos.

Meine Lösung war es, mit Hilfe von Listen, einen genauen Zeitplan zu haben.

So begann die Struktur in meinem Tagesablauf.

Tag für Tag die gleiche Routine, und das war überhaupt nicht spießig oder langweilig, es gab mir unglaublich halt und eine gewisse Sicherheit.

Ich habe mich von außen viele Jahre manipulieren lassen und vor allem ablenken lassen.

Durch Fernsehen , Sozial Media usw.!

Wie viel wertvolle Zeit, meiner Lebenszeit habe ich somit vergoldet!!!

Dank, meiner neuen Geradlinigkeit, mein Leben "eigenständig zu leben und zu bestimmen", ist ein so großer Raum entstanden.

Meine eigene Persönlichkeit kam nach und nach hervor.

Nun werde ich dir mein System vorstellen, ziehe für dich heraus, was du für dich, umsetzen kannst.

Wie du weißt habe ich eine Großfamilie, doch auch wenn du alleine lebst oder einen 2-3 Personen Haushalt führst, gebe ich dir somit gerne einige Tipps an die Hand.

Bitte beachte, dass ich von zu Hause aus arbeite, und somit relativ flexibel bin.

Tagesroutine

Meine Morgenroutine:

5.00Uhr- 6.00Uhr: aufstehen, Meditationskleidung anziehen

Meditation, Affirmation, Yoga, Workout 15min

6.00Uhr – 6.30Uhr: Wäsche falten, Frühstück / Schulbrote vorbereiten (5 min.)

6.30Uhr – 7.00Uhr: Kinder wecken, gemeinsam Frühstücken, waschen, anziehen.

7.10Uhr – 8.00Uhr: Kinder zum Bus bringen, mit Ben Gassi gehen.

8.00Uhr – 9.00Uhr: Montag Großer/ Wocheneinkauf, Essensplan/ Putzen

9.00Uhr – 10.00Uhr: Morgenroutine, Putzplan

10.00Uhr – 12.00 Uhr: Atelier .

12.00Uhr – 13.00Uhr: Kochen/ Mittagessen

13.00Uhr – 14.00Uhr: Küche putzen

14.00Uhr – 14.30Uhr: Mittagspause

14.30Uhr- 16.00Uhr: Putzplan, Nachmittag/ Hausaufgaben Kids

16.00Uhr – 17.30Uhr: Mit den Kids beschäftigen

17.30Uhr – 18.30 Uhr Ben Gassi und Kids mitnehmen. (Roller oder Fahrrad)

18.30Uhr - 19.00 Uhr: Abendroutine Kids (siehe Checkliste Kids, die machen das alleine.) Abendessen kochen, Abendessen.

19.00Uhr – 20.00Uhr: Küche putzen. Kids ins Bett bringen, vorlesen

21.00Uhr – 23.00Uhr: Me Time   Sport, KUNST, lesen, Wellness

Der Plan kann natürlich variieren, bei Arzt besuchen, Kindergeburtstagen usw.

Hier ist der Plan, für den Anfang sehr strukturiert formuliert.

Checkliste Kids, für den Abend

Zimmer aufräumen

Tornister vorbereiten

Anziehsachen, für die Schule bereit legen

Gute Nacht Geschichte aussuchen

Schrank aufräumen

Mama helfen beim Aufräumen, jeden Tag, Kinderzimmer aufräumen

Organisiere deinen Einkauf/ Essensplan:

Eine große Erleichterung ist einmal in der Woche einen Großeinkauf nach Essensliste zu tätigen.

Am Sonntagabend nutze ich 15 – 20 Minuten um die Woche zu planen und somit auch meinen Essensplan, von Montag bis Sonntag.

Dies ist ein kleines Ritual geworden.

So mache ich es mir gemütlich mit Kerzen, schöner Musik und los geht´s!!!

Ich weiß genau was ich Einkaufen muss.

Ein weiterer Vorteil wir schmeißen weniger an Lebensmitteln weg.

Am Montag gehe ich dann ganz relaxed zum Einkaufen und auch sonst bin ich für die kommende Woche, Termin mäßig gut vorbereitet.

Mit guter Planung geht alles leichter, dennoch bleibe flexibel.

Du wirst es merken.

Die Organisation muss sich zu einem Organismus

entwickeln können,

die flexible Führerschaft erlaubt.

-Heinz Fischer-

Nehme die Zügel deines Lebens in die Hand und werde der Führer deiner selbst.

Der Glaube

Der Glaube kann eine große Stütze sein.

Ich finde, wenn es hilft, an etwas zu glauben, ist dies nichts schlechtes, sondern eine Bereicherung. Sei es Gott, Allah, Buddha, Götter, Engel, egal woran du glaubst.

Jede Religion sollte akzeptiert werden. Doch leider ist das nicht der Fall.

Ich glaube an den einen großen Gott, der über allen steht.

Voller LIEBE und FRIEDEN. Uns Menschen hat er den freien Willen gegeben.

Wir kreieren unsere eigene Welt und sind Schöpfer unserer Gedanken und Taten.

Für mich gibt es keinen Gott der über uns richtet am Ende unserer Tage.

Wir erschaffen unser Karma selber.

Alles ist unser freier Wille.

So vieles können wir schon jetzt tun, um Punkte zu sammeln für das Jenseits.

Es ist vergleichbar wie mit einem Bankkonto, nur das wir kein Geld sammeln, sondern eine Art Punktekonto, durch Achtsamkeit, Liebe und

Mitgefühl, Bewusstsein, welches wir uns und unseren Mitmenschen entgegen bringen.

Für mich ist die ZEN Philosophie sehr stimmig.

Es ist eine Lebensart und keine Religion.

Eine Art, in Liebe und Frieden, im Einklang mit Mensch und Natur zu leben.

Bereits als kleines Mädchen, konnte ich Tante Eta beobachten, wie ihr der Glaube halt gab.

Der Verlust ihres Mannes war hart für sie.

Ohne ihren Glauben, hätte sie nicht weiter machen können, sie hätte ihren Lebensmut verloren.

Sie ging mehrmals Täglich in die Betstunde, dies gab ihr halt.

Auch für mich war das so, als Tante Eta gestorben ist und viele Jahre später, mein Vater. Der Glaube an ein Leben nach dem Tod. Das es weiter geht.

Was geschieht mit uns, wenn wir ins Licht gehen?

Als mein Vater im Sterben lag, durfte ich diesen Prozess miterleben.

Ja das stirbt ist ein Prozess, genau wie unsere Geburt.

Bei unserer Geburt gehen wir aus dem Dunkeln in das Licht.

Aus dem Bauch der Mutter, in das grelle Licht hier auf der Erde, wir müssen lernen zu atmen, unsere Lungen weiten sich.

Beim Sterben ist es umgekehrt.

Wir ziehen uns zurück, die Organe versagen, das Herz hört auf zu schlagen, es wird dunkel um uns, bis wir in das ewige Licht hinüber gehen.

Ich habe viele Bücher und Berichte über Nahtoderfahrungen gelesen, alle beschreiben das gleiche.

Nämlich, wie diese Personen von einem hellen Licht angezogen wurden.

So war es auch bei meinem Vater, wenige Tage vor seinem hinübergehen.

Die Ärzte meinten, er würde phantasieren, dies wäre ganz normal.

Aber ich behaupte, es war keine Phantasterei.

So viele tausend Nah Tod Patienten erzählen das gleiche.

Und das soll nur Phantasie sein?

Wohl kaum.

Mein Vater befand sich in den letzten Tagen zwischen den Welten.

Er sträubte sich so gegen seinen Tod, er wollte nicht gehen.

Denn er wollte seine Frau nicht alleine lassen, da er wusste, dass sie Finanziell mittellos sein würde.

Er kämpfte und verlängerte somit den Sterbeprozess.

Sein Herz war so stark.

Ich glaube wir haben einen freien Willen, ein kleines Stück weit, wenn wir im Sterben liegen.

Unsere Seele entscheidet mit, wann sie bereit ist, ins Licht zu gehen.

Wir sollten bereit sein zu gehen, wenn unsere Zeit hier auf der Erde zu Ende geht.

Sei in Frieden mit allem was war. Lebe ein erfülltes Leben, so wie es dir gefällt.

Das letzte Gespräch zwischen meinem Vater und mir werde ich niemals vergessen.

Er bereute zu tiefst dass seine Zeit nun zu Ende war.

`´Bitte schiebe nichts auf mein Kind, denn du weißt nicht, wie viel Zeit dir bleibt.

Das Leben ist so schnell vorbei, wie ein Wimpernschlag.

Und dann bleibt dir keine Zeit mehr, all die Dinge zu tun, die du gerne getan hättest.

Ich war ein schlechter Vater, habe meinen Körper vernachlässigt, viel getrunken und viel geraucht.

So viele Fehler habe ich gemacht.

Hätte ich doch nur besser auf mich Acht gegeben, dann wäre ich jetzt nicht so sterbenskrank.

Ich möchte nicht gehen, jetzt wo wir uns alle wiedergefunden haben. ``

Tränen liefen über seine Wangen und alles was ich erwidern konnte war:

Es wird alles gut Papa, du gehst voraus und eines Tages wenn meine Zeit gekommen ist, werden wir uns wiedersehen.

Ich glaube fest daran!!!

Die Liebe hier auf der Erde, die wir gesät haben, wird in der Ewigkeit gelebt werden können.

Wir werden diese Liebe, wo auch immer das sein mag, ernten.

Immer wieder gab es Momente in denen er nicht bei uns war, nicht Anwesend.

Sehr laut redete er, oder manchmal stammelte er und wir konnten kein Wort verstehen.

Über Stunden hielt dieser Zustand an.

Er befand sich in totaler Dunkelheit und hatte Angst.

Wir hielten seine Hand, mehr konnten wir nicht tun.

Immer wieder sprach ich mit ihm, er solle nach einem weißen Licht Ausschau halten.

Manchmal hörte er mich und antwortete mir, manchmal aber auch nicht.

Plötzlich sprach er von einem hellen Licht.

Vermutlich sah er Lichtwesen, erkannte sie nicht und bekam Panik.

Ich gehe mir niemanden mit, ich bleibe hier, schrie er.

Seine Augen waren geschlossen, immer wieder bekam er Atemaussetzer, sein Herz schlug sehr unregelmäßig.

Dann atmete er wieder regelmäßig.

Er sprach laut mit seinen Eltern und Freunden die bereits alle verstorben waren.

Freudentränen kullerten über seine Wangen.

`'Ich bin so glücklich`´, dieses Licht hier, ist so wunderschön`´.

Er war so ruhig und friedlich, noch niemals zu vor habe ich ihn so glücklich erlebt.

Mir kam es so vor, als würde er von innen strahlen und ganz hell leuchten.

Dann schlief er wieder ein. seinen Wunsch hin, brachten wir ihn nach Hause, denn in einem Hospiz war so kurzfristig kein Platz zu bekommen.

In den darauf folgenden Tagen schlief er nur noch und war nicht mehr ansprechbar.

Bis an einem Vormittag um 12.00Uhr, sein Herz aufhörte zu schlagen.

Alle Kinder waren bei ihm.

Er ist sehr friedlich und ohne Leiden hinüber geschlafen.

Diese Erfahrung hat mein Leben verändert.

Für mich war das alles Kein phantasieren, es war durchaus realistisch für mich.

Ein Glanz lag in seinen Augen, den wohl nur ein im Sterben liegender Mensch, haben kann.

Alle Schmerzen und alles Leid waren vergessen, Papa war sprichwörtlich im siebten Himmel.

Es ist schwer sich das vorzustellen, wenn man es nicht selber erlebt hat.

Für mich gibt es ein Leben nach dem Tod.

Oder besser gesagt, beginnt dort wo wir hingehen das wahre Leben, in der Unendlichkeit.

Seit diesem Erlebnis, hat sich mein Leben um 180 Grad gedreht.

Ich bin ein anderer Mensch geworden.

Wandel, Transformation ist möglich, wir müssen es nur wollen.

Endlich habe ich den Mut gefunden, voll und ganz zu mir zu stehen.

Meine Trauer war groß und ich brauchte einige Zeit um alles zu verarbeiten.

Ingo, mein Klangschalenlehrer, hat mich sehr dabei unterstützt, als ich seine Hilfe gesucht habe.

Er hat mich in Hypnose versetzt, diese Sitzung hat mir Kraft gegeben, mit diesem großen Verlust besser umgehen zu können und auch sonst noch einige Themen aus der Kindheit zu verarbeiten.

So wurde eine große Heilung bei mir in Gang gesetzt, der erste Schritt zur Transformation.

Das Leben ist zu kurz um seine Zeit zu verschwenden.

Ein Lieblingsspruch meines Vaters,

den er immer über unwichtige Dinge sagte war:

Das ist völlig uninteressant, lieb Mädchen!!!!

Und ja, es stimmt.

Gebe dich nicht mehr mit uninteressanten Dingen, Menschen oder Gegebenheiten ab.

Sortiere radikal aus.

Beschäftige dich nur mit den Dingen, die dich reifen und wachsen lassen.

Alles was du interessant findest und was deine Leidenschaft entfacht.

Meditation und stille sind ein guter Weg um mit deinem Glauben eins zu sein.

Auch die Natur ist hier ein sehr wichtiger Punkt.

Dich zu erden ist ein wesentlicher Bestandteil in dir zu ruhen.

Hier fällt mir wieder meine Tante Eta ein.

In der Kirche, mit ihr, durfte ich stille erfahren.

Das beten des Rosenkranzes war so beruhigend.

Auch das Gärtnern in ihrem Schrebergarten, mitten in der Stadt.

Dieses kleine Stückchen grün war mein Paradies.

Garten Arbeit hat auch mit Einkehr, Zentriertheit und Achtsamkeit zu tun.

Naturverbunden zu sein, unsere Mutter Erde zu schützen.

Aus deinem GLAUBEN heraus kultivierst, du Mitgefühl, Liebe, Selbstliebe.

Viele Dinge im außen werden nichtig und klein, einfach **uninteressant.**

Kultiviere deinen Glauben, jeden Tag.

Lade nur positive Gedanken in dein Leben ein.

Auf die richtige Einstellung kommt es an.

Nutze täglich Affirmationen.

Und dein Alltag wird leichter.

Anfangs habe ich mit Affirmation-Karten gearbeitet. Überall im Haus habe ich sie verteilt.

Spiegel, Schränke, die Haustür, dort wo sie ein echter Blickfang sind und du sie oft im Stillen oder laut wiederholen kannst.

Verinnerliche positive Gedanken, step by step, denn irgendwann werden sie in Fleisch und Blut übergehen und dein ganzes tun und handeln, positiv beeinflussen.

Ja, sogar eine Transformation ist möglich, so wie es bei mir war.

Denk immer daran:

Happiness is the key!!!

Wir sind auf diese Erde gekommen, um zu lernen, zu wachsen und uns weiter zu entwickeln.

Und vor allem um glücklich zu sein....

Von Herzen wünsche ich Dir alles Liebe und Gute auf deinem Weg zum glücklich sein.

In Liebe

Eva – Maria Tornetta

Danke/ Grazie

Von Herzen danke ich meinem Mann Pino, der mich in allem Unterstützt was ich tue.

Er stand und steht immer ausnahmslos an meiner Seite.

Mein Anker!!!!

Danke, unseren drei Jungs

Riccardo, Mattia und Manuel, für eure Liebe und das Licht, welches ihr in mein Leben gebracht habt.

Dank Euch, erfüllte sich mein sehnlichster Wunsch, Mutter zu sein.

Danke, an meine Italienische Familie, die mich vom ersten Moment an, aufgenommen hat.

Als Tochter, Schwester und Tante.

Grazie di tutto!!!

Marianna, Ignazio, Paolo, Lia, mit Ehepartner, alle meine Nichten und Neffen

Danke, an meine Geschwister, die nach so vielen Jahren meiner Abwesenheit die Arme weit geöffnet haben und mir gezeigt haben, wie in einer Familie, einer für den anderen, besonders in der Not, einsteht.

Danke: Manfred, Renate, Karin und Michael mit Ehepartner, alle meine Nichten und Neffen und meine Patenkinder.

Danke, Claudia und Ingo

zwei ganz besondere Menschen, die mir die Welt der Klangschalen gezeigt haben und einen wichtigen Beitrag zu meiner Transformation geleistet haben.

Und mehr noch, ihre liebe und herzliche Art, hat mir Mut gegeben, doch noch an die Menschheit zu glauben.

Das es auch Menschen gibt, die in der Lage sind, Herzen zu öffnen.

Über die Autorin

Eva -Maria Tornetta,

geboren 1981, verheiratet und Mutter von drei Kindern.

Als gelernte Hotelfachfrau hat sie durch ihre Arbeit, die Liebe zu dem wunderschönen Land Italien entdeckt.

Ihre Mission ist es, Menschen zu inspirieren, den eigenen Weg ins Glück zu finden.

Sie möchte ein Beispiel sein, das es möglich ist die Vergangenheit, egal wie schlimm sie auch gewesen sein mag, hinter sich zu lassen und ein neues Leben zu beginnen.

Eva – Maria hat sich den Traum einer eigenen Familie erfüllt.

Heute lebt und arbeitet sie in Deutschland und Sizilien als Künstlerin.

Gerade hat sie eine Ausbildung als Keramikerin begonnen, um später einmal ihr eigenes Geschirr zu

entwerfen.

ENDE.

Zeitfracht Medien GmbH
Ferdinand-Jühlke-Straße 7
99095 Erfurt, Deutschland
produktsicherheit@kolibri360.de